# LA THÉORIE MUSICALE SELON BOB

Théorie Musicale pour Musiciens et Auteurs / Compositeurs avec des annexes pour : Guitaristes, Bassistes, Batteurs, Claviéristes et Chanteurs. Comprend aussi des histoires vécues sur le terrain.

Par : Robert Walsh

# TABLE DES MATIÈRES

Site Web (Vidéos d'apprentissage)     *robertwalshmusic.com*

À mes étudiants-connus, inconnus, passés, présents et futurs — Merci !

Merci à : MacEwan University, Alberta Foundation for the Arts, Le Centre de développement musical et à tous mes enseignants, en particulier Tom Kenny, Al Baculis and Sam Baldwin. Pour des vidéos d'apprentissage et autre matériel intéressant, visitez : robertwalshmusic.com

# INTRODUCTION

J'ai écrit ce livre pour une raison — pour inciter des gens qui voudraient tourner leur regard, autrement, vers la théorie musicale.

Certains musiciens, amateurs comme professionnels, ne veulent simplement rien savoir de la théorie musicale. Et en toute franchise, ce n'est pas tout le monde qui en a besoin. Donc, pourquoi s'ennuyer avec cela? La réponse est simple : nous sommes attirés par la musique parce qu'elle contient quelque chose de magique et de mystérieux. Et comme magiciens de la musique, le plus de connaissances nous possédons, le plus de trucs sont à notre disposition et ainsi, plus profond est le mystère. Donc, si vous êtes intrigués par la musique et que vous désirez en savoir plus, j'ai écrit ce livre pour vous. Il dévoilera les outils et les concepts à utiliser pour faire de la musique — tous les styles de musique — et vous amènera, étape par étape, de débutants à avancés. Et ce livre vise particulièrement les musiciens non-classiques.

J'ai pris un soin bien particulier d'expliquer les concepts de façon à ce que les guitaristes et les bassistes, qui trop souvent tombent en dehors des courants dominants de l'éducation musicale, puissent bien les comprendre et les mettre en œuvre. Dans ce livre, il y a aussi des annexes pour le noyau des membres de la famille de la « musique populaire » — chanteurs, batteurs et claviéristes. Mais ce livre est ultimement construit pour quiconque est intéressé à explorer les éléments de la musique et comment les utiliser dans un contexte plus contemporain, soit en tant que joueur, improvisateur ou auteur / compositeur.

Plus important encore ! J'espère être le catalyseur d'une évolution personnelle qui résulte d'un développement en tant que musicien. Une compréhension de la musique a certainement augmenté mon niveau d'appréciation, et a aussi été un sauveur sur scène lorsque l'inspiration n'était pas suffisante. En termes réels, cela m'a permis de participer pleinement à la musique et ainsi de faire carrière dans un domaine que j'aime. Au regard des tendances imprévues que subissent la musique et l'industrie, il serait presque inconcevable aujourd'hui, pour un musicien, d'avoir une carrière à long terme sans une telle fondation.

Pour ceux qui n'aspirent pas à une carrière musicale (ce qui est similaire aux sports, en ce sens où vous pouvez participer à différents niveaux), l'information présentée ici vous permettra de jouer avec d'autres musiciens et de parler le même langage. Plus d'appellation de notes par leurs frettes et par les numéros des cordes. Plus de devinettes de tonalités, de chiffres indicateurs et de noms d'accords. Avec l'acquisition des outils présentés ici, vous serez armés de plusieurs habiletés pour faire de la musique avec une grande variété de musiciens et vous augmenterez, de façon considérable, votre compréhension et aussi, votre appréciation de la matière.

Donc ! Prenez une grande inspiration et relevez vos manches ! Vous serez ainsi fier de vous-même et les personnes qui joueront avec vous le seront aussi.

Robert Walsh

La musique est composée de deux principaux éléments : Le Son et le Rythme.

# LE SON

Une note est un son musical ou un ton juste. Ces tons justes sont répartis sur un ensemble de cinq lignes parallèles, nommé : Portée. En montant de plus en plus haut sur la portée, les tons justes deviennent de plus en plus aigus et deviennent de plus en plus graves en descendant.

Au début, une seule portée contenait toutes les notes. Toutefois, ce système était très encombrant et difficile à lire. C'est alors que le nombre de lignes sur la portée a été réduit. Un système de clés a été introduit. Ces clés sont : FA, SOL et DO. Nous allons nous en tenir aux deux clés les plus utilisées :

Les noms des notes de chaque clés et sur chaque portées sont les suivants :
NB : Dans ce livre, nous utilisons des lettres pour identifier les notes, selon la convention en anglais.

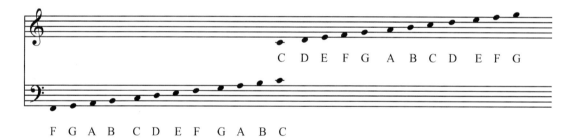

**Lignes supplémentaires** : Des notes peuvent aussi être jouées au-dessus et en dessous de la portée. Dans le but d'écrire ces notes, nous nous servons de lignes supplémentaires ce qui a pour effet d'étendre la portée vers le haut ou vers le bas. Exemples :

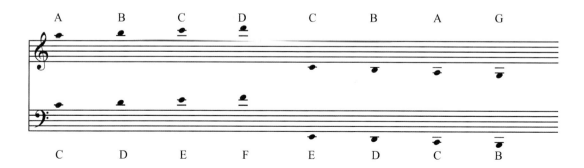

**Les tiges** : Les tiges aident à indiquer la durée des notes. Les tiges des notes écrites en dessous de la ligne du milieu devraient pointer vers le haut et celles écrites au-dessus de la troisième ligne, vers le bas. Les tiges des notes écrites sur la ligne du milieu peuvent pointer vers le haut ou le bas.

Quand les notes sont reliées par une transversale, la direction des tiges suit la note la plus éloignée de la ligne du milieu.

## EXERCICES

1. Écrivez les notes suivantes dans la clé de Sol *(Treble clef)*

a) A dans un interligne      b) C dans un interligne      c) D sur une ligne

d) D dans un interligne      e) E sur une ligne      f) G sur une ligne

g) F sur une ligne      h) C moyen (Middle C)      i) B sur une ligne

j) F dans un interligne

2. Écrivez les notes suivantes dans la clé de Fa *(Bass Clef)*

a) G sur une ligne      b) A sur une ligne      c) C moyen *(Middle C)*      d) B sur une ligne

e) F dans un interligne      f) A dans un interligne      g) C dans un interligne      h) D sur une ligne

i) G dans un interligne      j) E dans un interligne

3. Écrivez le nom de chaque notes

**N.B.** Pour les réponses aux exercices, des segments vidéo et beaucoup plus, allez à :
*robertwalshmusic.com*

# RYTHME–PREMIÈRE PARTIE

En musique, la durée du son d'une note ou la période de silence entre les notes est écrite en se servant de différents symboles. Ces symboles représentent la valeur de chaque note ou silence, en temps ou en fractions de temps.

Temps est un autre nom pour *pulsation*. Dans la musique, on retrouve souvent 2, 3 ou 4 temps par mesure, quoique l'on peut voir aussi 5, 6, 7 et 12. Tout comme une barre de mesure est divisée en temps (4, par exemple), chaque temps peut être subdivisé lui aussi, surtout en croches, double croches et triple croches.

Une ronde ou pause a une valeur de 4 temps
Une blanche ou demi-pause a une valeur de 2 temps
Une noire ou un soupir a une valeur de 1 temps
Une croche ou demi-soupir a une valeur d'un demi-temps
Une double croche ou quart de soupir a une valeur d'un quart de temps
Une triple croche ou huitième de soupir a une valeur d'un huitième de temps

Ces symboles représentent le nombre de temps (ou pulsations) donnés à chaque note ou silence.

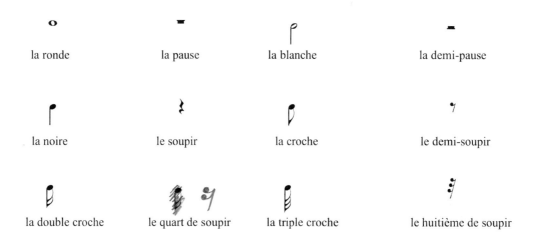

| la ronde | la pause | la blanche | la demi-pause |
| la noire | le soupir | la croche | le demi-soupir |
| la double croche | le quart de soupir | la triple croche | le huitième de soupir |

Lorsqu'un point est placé après une note ou un silence, la valeur (ou durée) de la note ou du silence augmente de la moitié de sa valeur.

𝅗𝅥. = 𝅗𝅥 + ♩

♩. = ♩ + ♪

♪. = ♪ + ♬

Lorsqu'un second point est placé après une note ou un silence, la valeur (ou durée) de la note ou du silence augmente de la moitié de la valeur du premier point.

𝅗𝅥.. = 𝅗𝅥 + ♩ + ♪

♩.. = ♩ + ♪ + ♬

Une autre manière d'étendre la durée d'une note est de la joindre à une autre par une liaison. La deuxième note ne doit pas être articulée, elle est simplement ajoutée à la note précédente pour en augmenter la durée.

## EXERCICES

1. Écrivez une note qui équivaut à la valeur (durée) de chacun des exemples suivants :

♪ ♪ = _____    ♫ ♫ = _____

♫ ♫ ♫ ♫ = _____    ♩ ♩ = _____

♩ ♩ ♩ = _____    ♩ ♩ = _____

2. Écrivez un silence qui équivaut à la valeur (durée) de chacun des exemples suivants :

o = _____    ♩ = _____

♩ = _____    ♪ = _____

♪ = _____    ♪ ♪ = _____

3. Écrivez deux notes ou deux silences qui sont équivalents à la valeur (durée) de chacun des exemples suivants. Utilisez des liaisons, si nécessaire.

♩. = _____    ૠ = _____

𝄽 = _____    ▬ = _____

♩ = _____    ♩ ♪ = _____

4. Écrivez une seule note ou un seule silence qui équivaut à la valeur (durée) de chacun des exemples suivants. Utilisez des points et des liaisons, si nécessaire.

ૠ ૠ ૠ = _____    ♩ ♪ ♪ = _____

♩ ♪ = _____    ૠ ૠ ૠ = _____

𝄽 ૠ ૠ = _____    ♩ ♩ = _____

# TONS, DEMI-TONS, ALTÉRATIONS

**Demi-tons** : un demi-ton est la plus petite distance (dans la musique occidentale) entre deux notes. Par exemple, sur le clavier d'un piano, un demi-ton est la distance entre deux notes, sans qu'aucune autre note ne les sépare (i.e. : d'une note blanche à une note noire). Sur la guitare ou la basse, c'est la distance entre une frette et la suivante.

**Tons** : un ton est la distance créée en jouant deux demi-tons, l'un après l'autre, dans la même direction. Par exemple : sur le piano, la distance entre le C moyen (Middle C) et le D. Sur la guitare et la basse, c'est la distance de deux frettes.

**Altérations** :
Pour hausser ou abaisser une note d'un demi-ton, il est souvent nécessaire de se servir d'une altération.

| Un dièse | ♯ | hausse la note d'un demi-ton. |
|---|---|---|
| Un bémol | ♭ | abaisse la note d'un demi-ton. |
| Un bécarre | ♮ | annule toute altération antérieur, rétablissant ainsi la note à sa hauteur naturelle. |

Une altération peut quelque fois être employée pour augmenter ou diminuer la distance de deux demi-tons (un ton complet)

| Un double-dièse | × | hausse la note de deux demi-tons. |
|---|---|---|
| Un double-bémol | ♭♭ | abaisse la note de deux demi-tons. |

En regardant le clavier d'un piano, nous pouvons voir les altérations en action. Notons, par exemple, qu'un demi-ton plus haut que C est C ♯. Cette même note a aussi un autre nom, Db, vue comme un demi-ton plus bas que D. En effet, toutes les touches noires du clavier on deux noms — un avec un dièse et un avec un bémol.

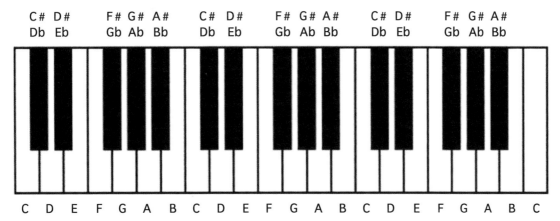

**Il est important de noter qu'il y a deux endroits sur le clavier où il n'y a pas de touche noire qui sépare les deux touches blanches — entre le E et le F ; et le B et le C.** Dans ces cas-là, aucune altération n'est requise. Il importe aux guitaristes et bassistes de s'en rappeler, car leurs instruments ne sont pas visuellement étalés comme l'est le clavier du piano.

### Trouver des notes sur la guitare et la basse

Pour une mise en accord standardisée, les cordes à vide, de la plus grave à la plus aiguë, se nomment comme suit :

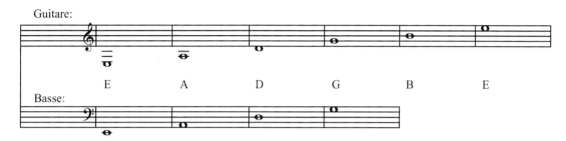

Pour trouver la balance des notes sur la basse et la guitare, commencez sur la corde la plus grave et montez d'un demi-ton en jouant chaque frette progressivement, de plus en plus haut. En ce faisant, apprenez à associer le nom des notes et leurs emplacements (nom de la corde et la position de la frette).

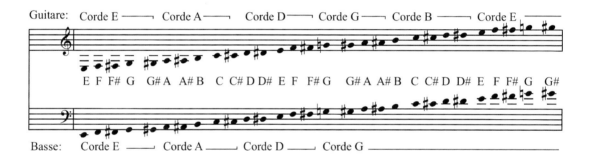

Vous vous êtes peut-être aperçu lorsque vous arrivez à la 5e frette, que la note que vous avez jouée était la même que la corde suivante. Il y a toutefois une exception à cela dans le cas de la guitare. Sur la corde G, la 4e frette est la même note que la corde suivante B. Vous saurez que les guitares ont toujours été accordées ainsi.

En réalité, nous avons découvert deux façons de jouer la même note. À la guitare et à la basse, on peut jouer la même note sur plusieurs cordes, mais sur des frettes différentes (sauf pour les notes sur la corde E grave en bas de la 4e frette). Par exemple :

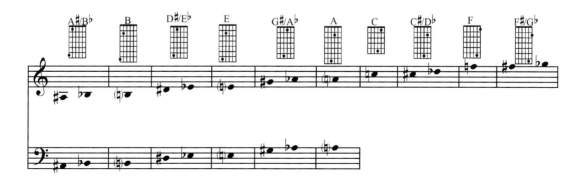

Même s'il vous faut un peu de temps pour vous familiariser avec toutes les différentes manières de jouer chaque note, viendra un jour où tout deviendra plus clair et il vous sera alors possible de mieux concevoir votre instrument, vous permettant ainsi d'utiliser toute l'étendue de la touche *(fretboard)* de la guitare.

## EXERCICES

1. Écrivez les notes un ton plus haut et un ton plus bas que les notes inscrites :

2. Écrivez les notes un demi-ton plus haut et un demi-ton plus bas que les notes inscrites :

3. Haussez chacune des notes suivantes d'un demi-ton. Ne changez pas le nom de la note.

4. Abaissez chacune des notes suivantes d'un demi-ton. Ne changez pas le nom de la note.

5. Identifiez le nom des notes suivantes sur la guitare et la basse :
a) 12ᵉ frette corde E ; 7ᵉ frette corde A ; 2ᵉ frette corde D          _____
b) 3ᵉ frette corde A ; 10ᵉ frette corde D ; 5ᵉ frette corde G ;1ᵉ frette corde B (guitare)          _____
c) 11ᵉ frette corde A ; 6ᵉ frette corde D ; 1ᵉ frette corde G          _____

6. Nommez au moins 2 endroits (nom de la corde et numéro de la frette) où on trouve chacune des notes suivantes sur la **basse** :

7. Nommez au moins 3 endroits (nom de la corde et numéro de la frette) où on trouve chacune des notes suivantes sur la **guitare** :

Un de mes albums est un assortiment de chansons des Beatles appelé « Robert Soul »,
par « Robert Walsh and the Fabs ». Y figure dix « Fabs » chanteurs et les arrangements
musicaux varient considérablement des versions originales. La soirée de lancement de cet
album avait été enregistrée pour diffusion nationale par Radio-Canada (CBC) et
commanditée par la station de radio locale qui avait aidée à financer le projet à Edmonton
(Rawlco). Le spectacle mettait en vedette plusieurs musiciens, ainsi que tous les chanteurs.
C'était une grande soirée !

Tout allait bien, jusqu'à notre prestation de « For No One», une chanson que j'avais ajoutée
à la dernière minute et que Ann Vriend a chantée de façon magnifique. Je commençais la
chanson seul, en solo arpégé de guitare acoustique, pour le premier couplet et refrain.
Mais quand l'orchestre (violon, contrebasse, accordéon et une autre guitare) s'est ajouté
pour le deuxième couplet, c'était une cacophonie de notes! Apparemment, j'avais placé le
capotasse sur la mauvaise frette et je jouais dans la mauvaise tonalité !

Heureusement, tous les musiciens étaient des professionnels accomplis avec, de plus, une
excellente oreille musicale (et une forte compréhension de la théorie !). Ils ont compris, le
temps d'une note, que je jouais un demi-ton plus haut que la partition, et ils ont transposé
la musique à vue vers la bonne tonalité sans perdre le rythme ! Sauvé par la théorie (encore
une fois)...

# GAMMES MAJEURES

Une gamme Majeure est composée d'une série de tons justes et consécutifs, dont les première et dernière notes sont séparées d'une octave (8 notes). Quoiqu'il y ait plusieurs sortes de gammes, nous commencerons avec la plus connue : **la gamme Majeure**.

Chaque gamme suit une formule qui lui donne son caractère musical. La gamme Majeure est composée de 8 notes (degrés) et suit cette séquence de **tons** et **demi-tons** :

```
Degré      1  –  2  –  3  –  4  –  5  –  6  –  7  –  8
Séquence     T     T    DT    T     T     T    DT
```

Dans la tonalité de C Majeur (commençant sur le C) la gamme suit la séquence ci-haut, avec des demi-tons situés entre le 3e et 4e degré et entre le 7e et 8e degré.

Toutefois, toutes les autres gammes (autre que la gamme de C) requièrent des altérations qui servent à modifier les notes qui doivent être haussées ou abaissées afin de respecter la formule. Si nous commençons sur le G par exemple, et écrivons 8 notes consécutives, nous nous apercevons que la série de tons et demi-tons de la gamme de G est incorrecte car un demi-ton se trouve entre le 6e et 7e degré et non entre le 7e et 8e degré.

Pour corriger cette situation, le 7e degré (F naturel) doit être haussé d'un demi-ton, soit au F #, tel qu'indiqué ci-dessous :

En examinant la clé de F Majeur, on s'aperçoit qu'une altération (Bb) s'est avérée nécessaire afin de respecter la séquence des tons et demi-tons.

En examinant la tonalité de A Majeur, on s'aperçoit que 3 altérations (F #, C #, G #) se sont avérées nécessaires afin de respecter la séquence des tons et demi-tons.

### Les armatures

Presque toute la musique est écrite dans une tonalité bien précise ; soit Majeure, soit mineure, qui emploie les notes correspondantes soit à la gamme Majeure, soit à la gamme mineure. Au lieu d'inscrire des altérations accidentelles, c'est-à-dire devant chaque note, une armature est employée pour indiquer les notes qui devront être jouées avec un dièse ou un bémol.

Nous voyons, par exemple, que la gamme de A Majeur ci-dessus demande trois dièses (F#, C#, G #). En plaçant ces altérations à l'armature, l'interprète sait que toutes les fois qu'il rencontrera un F, C ou G, ces notes devront être jouées avec un dièse (#), les haussant ainsi d'un demi-ton. Voici l'armature de la tonalité de A Majeur :

De même, l'armature de la tonalité de F Majeur (ci-dessus) est :

Lorsqu'on inscrit les armatures, l'ordre des dièses et bémols suivent un ordre établi. Notez bien la façon d'écrire :

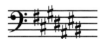          

Dièse :                " Dièse " penché, la ligne ou l'interligne dans le milieu de la boîte ;
Bémols :               lettre "b" stylisée, la ligne ou l'interligne dans le milieu du cercle ;

Toute altération accidentelle : écrite en avant de la note à laquelle elle est associée.

Parfois la musique indique une altération qui n'est pas dans l'armature. Dans cette instance, l'altération est en vigueur jusqu'à la fin de la mesure, à moins d'être annulée par un autre signe. Par exemple :

Une fois la mesure avec l'altération hors armature terminée, on reprend les notes selon l'armature (à moins d'avis contraire). Par exemple :

# EXERCICES

1. Écrivez les gammes suivantes :
D Majeur

eb Majeur

Db Majeur

e Majeur

F # Majeur

2. Nommez les tonalités suivantes :

3. Écrivez les armatures suivantes :

| Eb Maj. | B Maj. | Db Maj. | E Maj. | F# Maj. |
|---------|--------|---------|--------|---------|
| (mi bémol) | (si) | (ré bémol) | (mi) | (fa dièse) |

# RYTHME–DEUXIÈME PARTIE

Comme nous l'avons vu, la musique s'exprime dans le Temps (pulsation). La vitesse des Temps se nomme **Tempo**. Le Tempo se mesure en Temps par Minute (TPM).

Le plus souvent en musique, les Temps sont regroupés en 2, 3 ou 4 à la fois, formant ainsi des Mesures (d'autres sortes de regroupements existent, mais sont normalement des subdivisions de 2, 3, ou 4). Les mesures sont indiquées par une Barre de mesure, séparant chaque regroupement et contient des notes, des silences ou les deux.

Le nombre de Temps par mesure est indiqué par les **chiffres indicateurs**. Les Chiffres indicateurs, tout comme le Tempo, peuvent changer plusieurs fois au cours d'un morceau de musique. Les Chiffres indicateurs sont indiqués au début, immédiatement après l'armature et n'apparaissent plus à moins qu'il y ait un changement dans les Chiffres indicateurs.

Les Chiffres indicateurs comportent deux chiffres :
* le chiffre supérieur indique le nombre de Temps contenus dans chaque mesure, habituellement 2, 3, 4 et
* le chiffre inférieur représente la figure de note qui correspond à un Temps, et peut être 1, 2, 4, 8 ou 16, tel qu'indiqué ci-dessous :

1 représente une Ronde

2 représente une Blanche

4 représente une Noire

8 représente une Croche

16 représente une Double-croche

À noter : Les Chiffres indicateurs les plus en usage sont 4/4, souvent indiqué par un « C ». 2/2 est la moitié de 4/4 et se nomme « Alla Breve », souvent indiqué par un « C » barré. (voir ci-dessous)

La mesure simple à deux temps est indiquée par le chiffre 2 à l'indicateur supérieur. Voici quelques exemples :

La mesure simple à trois temps est indiquée par le chiffre 3 à l'indicateur supérieur. Voici quelques exemples :

La mesure simple à quatre temps est indiquée par le chiffre 4 à l'indicateur supérieur. Voici quelques exemples :

## La Mesure Composée

Dans la mesure composée, chaque temps est subdivisé en trois.

Dans le cas d'une mesure composée, les chiffres indicateurs se lisent comme suit:
Le chiffre supérieur :     indique le nombre de **temps** dans une mesure
Le chiffre inférieur :     indique la **figure de note** qui recevra un temps.

Mais la mesure composée se compte habituellement en temps de 2, 3 ou 4, chaque temps subdivisé en trois.

La mesure composée en deux temps :

La mesure composée en trois temps :

La mesure composée en quatre temps :

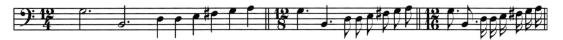

## Syncope

L'accent naturel en musique se retrouve habituellement sur le premier temps (temps fort) d'une mesure. Lorsque cet accent naturel est déplacé sur un temps faible, nous avons une syncope, qui souvent peut créer une sens d'instabilité.

(Accent =>)

Une autre technique rythmique irrégulière consiste à jouer des Duolets ou des Quartolets dans l'espace de trois, et vice versa. La technique la plus en usage de ce rythme irrégulier est peut-être le Triolet où trois notes sont jouées dans l'espace de deux.

## EXERCICES

1. Identifiez les chiffres indicateurs suivants :

2. Écrivez trois mesures mélodiques selon les chiffres indicateurs donnés. Assurez-vous qu'il y ait au moins deux silences dans chaque exemple :

J'ai grandi à Montréal, au Québec, et comme jeune homme, j'ai joué dans un groupe rétro appelé « Johnny Jetblack and the Comeback». « Jetblack» présentait de la musique authentique des années 1950, avec les costumes, les mouvements de guitare en chorégraphie et… un grand lot de gel à cheveux! On était assez populaire au Québec !

Par une nuit vraiment très froide à Sorel (environ– 20 degrés Celsius/ –4 Fahrenheit), il y avait une longue file d'attente pour entrer dans le bar où nous jouions, même si nous en étions déjà rendu à mi-chemin de notre première partie. On s'amusait sur scène et avait commencé à jouer « Sh- Boom», qui mettait en vedette notre batteur, Jim, à la voix principale, quand soudainement, la batterie s'arrête et la voix principale tombe en silence.

Nous nous sommes retournés juste à temps pour apercevoir un pied inversé et le corps de Jim disparaître du bar. Nous riions trop pour deviner ce qu'il venait de se passer. Il s'avéra que dans un moment passionné, Jim s'est penché vers l'arrière et a déclenché la porte de sortie de secours du bar, le précipitant à l'extérieur dans la neige profonde, six pieds plus bas !

Glacé et en douleur, Jim a pu s'extraire du banc de neige et naviguer jusqu'à l'entrée du bar. Pendant ce temps, nous l'attendions patiemment à l'arrière- scène, un verre à la main! Malheureusement, la file d'attente n'avait pas beaucoup avancée et certaines personnes dans la file ne voulaient pas laisser passer Jim (je pense que personne ne l'a reconnu, ainsi couvert de neige!). De plus, nos fans étaient souvent habillés dans le style des années 1950 et Jim ressemblait, disons, à un autre type de fan (peut-être un fan qui avait trop bu !). Mais le plus gros obstacle de Jim était sa pauvre maîtrise du Français, ne pouvant ainsi pas convaincre avec succès les gens dans la file qu'il était un membre du groupe ! Donc, après trente minutes, lorsqu'il était finalement de retour à l'intérieur, nous lui avons payé un breuvage chaud, juste avant que le patron du bar nous demande de retourner sur scène !

Photo : En "Clarence", le ringard dans "Johnny Jetblack and the Comeback".

# AUTRES GAMMES

Comme nous l'avons vu auparavant, il existe plusieurs gammes en musique, chacune d'elles ayant ses propres caractéristiques.

**Les gammes mineures**
À l'intérieur du domaine des gammes mineures, nous en trouvons trois principales : la gamme mineure Harmonique, la gamme mineure Mélodique et la gamme mineure Naturelle. Cependant, avant d'approfondir leurs différences, explorons leurs points communs.

Chaque fois qu'une gamme est composée de 8 notes (comme le sont les gammes Majeure et mineure), nous pouvons séparer les deux moitiés en deux «tétracordes», des unités de 4 notes chacune. Le premier tétracorde d'une gamme Majeure se compose de *Ton, Ton, Demi-ton (T, T, D – T)*. Dans une gamme mineure, la 3e note est abaissée (la rendant mineure) et donne ainsi à la gamme sa qualité définitive de «mineure». Le modèle devient donc *Ton, Demi-ton, Ton (T, T, D – T)*. Les trois gammes mineures ont toutes ce premier tétracorde en commun.

Dans **la gamme mineure Harmonique**, le second tétracorde est différent de celui de la gamme Majeure. Au lieu de *T, T, D – T*, le modèle devient : *D-T, T+D – T, D – T*.

La **gamme mineure Mélodique** est l'une de ces rares gammes qui descend d'une manière différente qu'en ascendant. Une fois de plus, le premier tétracorde demeure inchangé—il est typiquement mineur. Toutefois, le 2ᵉ tétracorde ascendant est différent du 2ᵉ tétracorde descendant de la manière suivante :
Ascendant : *T, T, D – T*
Descendant : *T, T, D – T.*

La gamme mineure Naturelle est un autre nom donné à la forme descendante de la gamme mineure Mélodique. Elle est ainsi nommée parce qu'elle est la gamme mineure la moins modifiée, partageant exactement les mêmes notes que sa gamme relative Majeure. (Voyez ci-dessus)

La gamme majeure ainsi que les trois gammes mineures décrites plus haut se lisent comme suit (en G) :

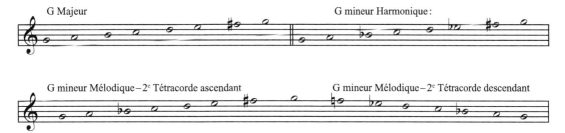

Quant à leur mise en application, il en revient aux compositeurs et aux improvisateurs de choisir quelles seront les notes du 2ᵉ tétracorde à employer et cela, basé sur l'ambiance de la musique et sa structure harmonique, c'est à dire, les accords.

On peut dire que chaque tonalité Majeure possède une tonalité relative mineure et vice versa, parce que ces deux tonalités se partagent la même armature et sont aussi étroitement apparentées. Par exemple, si nous examinons la gamme de G Majeur et la gamme de E mineur, nous pourrons voir que E est le 6ᵉ degré de G Majeur et G le 3ᵉ degré de E mineur. Ces deux notes sont séparées par 3 demi-tons. Alors, pour trouver la gamme relative mineure de chaque gamme Majeure, il suffit, à partir de la note de départ, de monter de trois demi-tons.

Parce que les notes du 2ᵉ tétracorde d'une gamme mineure peuvent varier, la tonalité mineure emprunte tout simplement l'armature de sa tonalité relative Majeure et se sert d'altérations accidentelles pour hausser ou abaisser des notes comme on peut le voir ci-dessous, au 7ᵉ degré de la gamme E mineur Mélodique.

### Les Gammes Pentatoniques

La gamme Pentatonique Majeure apparaît surtout dans la musique orientale, la musique autochtone américaine et le Jazz. C'est simplement une gamme Majeure sans les 4ᵉ et 7ᵉ degrés. Tout comme dans les gammes Majeure et mineure, la gamme Pentatonique mineure se trouve 3 demi-tons plus bas que la Pentatonique Majeure.

### La Gamme *Blues*

Cette gamme ressemble à la gamme Pentatonique mineure, avec l'ajout d'une note (une quarte Augmentée). Cette gamme provient de la musique Blues américaine et a été incorporée au Jazz, Rock, Reggae, Pop et à plusieurs autres formes de musique.

Gamme E *Blues*

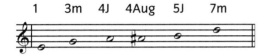

### Les Modes

Les 7 modes ont leur source dans l'ancienne Grèce et ont été adoptés par l'église Catholique Romaine. Ils sont souvent employés dans plusieurs cadres musicaux, surtout dans la musique « Jazz ». Chaque gamme suit son propre modèle de la même façon que toute autre gamme. Cependant, il est plus facile de se souvenir des modes lorsqu'on les voit comme une série de gammes émanant de chaque degré de la gamme Majeure. Gardez en tête que les 7 modes peuvent être transposés dans les 12 tonalités.

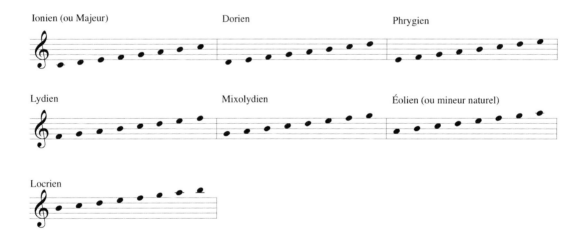

# EXERCICES

1. Écrivez la gamme appropriée :
La gamme mineure Harmonique dont la relative Majeure est Ab :

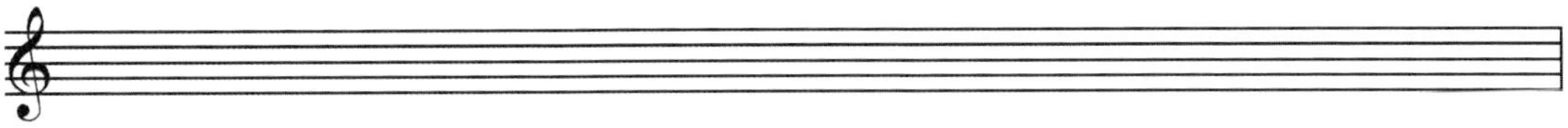

La gamme mineure Mélodique qui est la relative mineure de A Majeur :

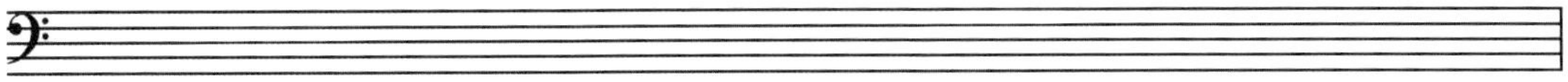

La gamme mineure Naturelle dont la relative Majeure est E Majeur :

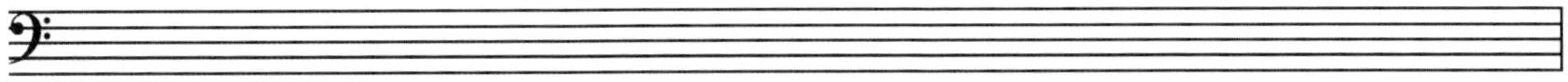

La Pentatonique mineure dont la relative Pentatonique Majeure est F :

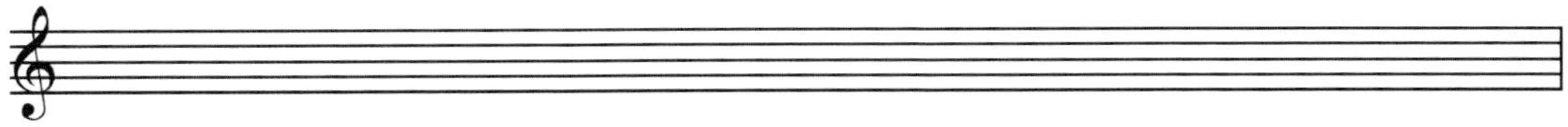

La gamme *Blues* de A

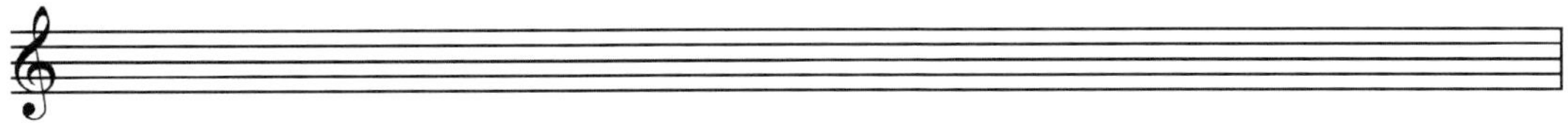

2. Quelles sont les deux tonalités qui se partagent l'armature ci-dessous ?

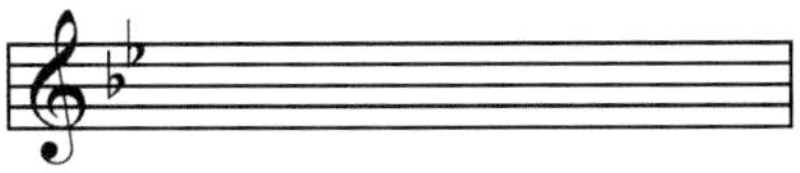

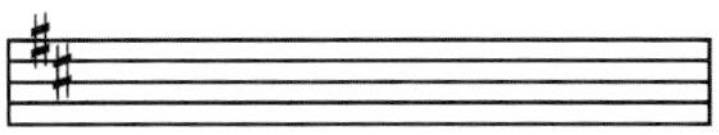

Après avoir passé plusieurs années dans une " Croisade New Wave " dans l'Est du Canada et des États-Unis, avec un groupe appelé les " XMEN "(avant que le dessin-animé ne devienne populaire — et groupe plus tard connu sous le nom de " Broken Windows "), j'ai quitté Montréal pour ce que tout le monde disait être le centre de la musique en anglais au Canada, Toronto. À mon arrivée, j'ai passé une audition pour une tournée avec Ian Hunter, le chanteur principal et auteur/compositeur du groupe icône du rock « Mott The Hoople ». Pendant une période de ma jeunesse, « Mott the Hoople » était le groupe phare dans le monde du Glamrock, avec de grands succès comme « All the Way From Memphis », « Once Bitten Twice Shy » et la chanson que David Bowie a par la suite rendue encore plus populaire, « All the Young Dudes ».

J'étais très heureux d'obtenir ce contrat pour ma première entrée sur la scène Torontoise. Ce que je ne savais pas à ce moment, c'est que j'avais aussi auditionné pour Roy Young, l'idole de jeunesse de Ian Hunter, avec qui ce dernier partageait le marquis (et les musiciens).

J'ai vite appris que dans ses débuts, Roy était bien connu comme chanteur et joueur de piano dans le style de « Little Richard ». Avec une carrière d'envergure, surtout en Europe, Roy a passé beaucoup de temps en Allemagne, où il a eu l'occasion de rencontrer les Beatles. Après avoir fait leur connaissance, il engageait souvent le groupe pour jouer dans les bars aux alentours d'Hambourg et parfois même, jouait avec eux après les spectacles. Cela nous amène à un moment peu connu dans l'histoire du Rock and Roll… En 1962, Brian Epstein, le gérant des Beatles, a demandé à Roy de devenir membre du groupe, la veille de la signature de leur contrat d'enregistrement qui allait faire des Beatles un phénomène mondiale. Avec une carrière solo florissante et un engagement à un contrat exclusif de trois ans, Roy a rejeté l'offre de Brian Epstein, obtenant ainsi la douteuse distinction du gars qui a refusé de devenir un Beatles !

J'ai vraiment adoré jouer avec Roy et Ian et entendre raconter les histoires que Roy a vécu durant les années débutantes des Beatles. Mais chaque moment où j'étais avec lui, un sentiment me revenait : « Comment peux- tu vivre avec toi- même après avoir refusé l'offre d'être un Beatles ?» ! Je crois tout de même qu'il sera toujours mieux d'être Roy Young que d'être Pete Best… Ou peut- être pas ?

Photo : « Broken Windows » lors de leur « Croisade New Wave », en 1980. De gauche à droite :
Jeff Beauchamp, moi, Luc Pale et Steve Klodt.

# INTERVALLES

Un intervalle est le terme employé pour décrire la distance entre deux notes, dans l'une ou l'autre direction.

Si les notes sont jouées l'une après l'autre, l'intervalle est Mélodique.

Si les notes sont joués en même temps, l'intervalle est Harmonique.

Il y a deux critères à considérer avant de définir un intervalle :
1. La Grandeur de l'intervalle, et :
2. La nature de l'intervalle.

### La Grandeur de l'intervalle
Pour déterminer la grandeur d'un intervalle, il vous faut considérer la distance entre les deux notes en question. Pour se faire, il faut compter les degrés entre les notes.

Intégrez toujours la première note comme l'un des degrés et continuez à compter les lignes et interlignes jusqu'à la note désirée. Ces intervalles se nomment comme suit :
Unisson (même intervalle), Seconde, Tierce, Quarte, Quinte, Sixte, Septième, Octave (8).

| 1 | 2 | 3 | 4 | 5 | 6 | 7 | 8 |
|---|---|---|---|---|---|---|---|
| Unisson | Seconde | Tierce | Quarte | Quinte | Sixte | Septième | Octave |

La grandeur de l'intervalle peut dépasser l'octave, i.e. : Neuvième. Dixième, etc.

### La Nature de l'intervalle
Une fois la grandeur de l'intervalle déterminée, (i.e. Tierce, Sixte etc.) il faut vous assurer de sa nature.

### Intervalles justes : 1, 4, 5, 8
Dans la musique occidentale, la relation entre le $1^e$ degré (incluant le $8^e$ parce que 1 = 8 une octave plus haute) le $4^e$ et $5^e$ degrés sont de toute importance car ces intervalles, considérés dans un contexte global, sont la fondation de presque toute notre musique. On ne rentre pas dans les détails, mais l'importance de ces intervalles est soulignée par leur nom, «juste».

Lorsque vous modifiez un intervalle juste, voici ce qui se produit :
Abaissé d'un demi-ton, devient        diminué
haussé d'un demi-ton, devient        Augmenté

4Juste     4Aug     4dim     5Juste     5Aug     5dim     8Juste     8Aug     8dim

**Intervalles réguliers : 2, 3, 6, 7**
La balance des intervalles sont considérés «réguliers» et peuvent être Majeurs, mineurs, Augmentés ou diminués.

Examinons les intervalles que l'on retrouve dans une gamme Majeure :

1 (Unisson) Juste    2 Maj    3 min    4 Juste    5 Juste    6 Maj    7 Maj    8 (Octave) Juste

**À noter :** la Seconde, la Tierce, la Sixte et la Septième sont toutes Majeures.

Lorsque vous modifiez un intervalle Majeur, voici ce qui se produit :

| | |
|---|---|
| Abaissé d'un demi-ton, devient | Mineur |
| Abaissé de deux demi-tons, devient | diminué |
| haussé d'un demi-ton, devient | Augmenté |

Voyons ce qui se produit lorsque nous apportons un changement aux intervalles d'une Tierce et d'une Sixte.

3Maj.    3min.    3dim.    3Aug.    6Maj.    6min.    6dim.    6Aug.

Voici quelques exemples d'intervalles Mélodiques :

6M  2M  2M  2m  5J  2m  4J  2M  3M  5dim.  3m  5J

Et ici, quelques exemples d'intervalles Harmoniques :

5J    6m    6M    3M    4J  Unisson J  2M  7M

**Changements enharmoniques**
Comme on l'a vu précédemment, toutes notes peuvent avoir plusieurs noms. Par exemple, dépendant de l'armature, la première note noire au-dessus du Do Moyen (Middle C) peut se nommer C# ou Db. C'est ce qu'on appelle un changement enharmonique. À l'oreille, le son est le même, mais en théorie, ce sont deux notes différentes. La première est un C modifié et la deuxième un D modifié. La distinction devient plus claire lorsque les deux exemples sont perçus à partir d'une même note de départ.

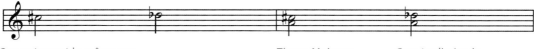

*Ces notes ont le même son*        *Tierce Majeure*    *Quarte diminuée*
*Mais vues d'une même note de départ, leur fonction diffère*

# EXERCICES

1. Nommez les intervalles Harmoniques et Mélodiques suivants (J, Maj, min, dim, Aug) (J=Juste)

Ex: Harm, 7Maj  _____   _____   _____   _____   _____   _____   _____

2. Écrivez les intervalles suivants au-dessus de la note indiquée :

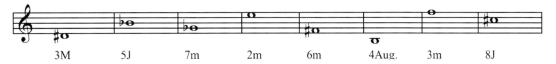

   3M        5J        7m        2m        6m       4Aug.    3m      8J

3. Écrivez les intervalles suivants en-dessous de la note indiquée :

   3M       6m       4J       7m     4dim    3m     2M     5J

4. Écrivez le changement enharmonique des notes suivantes :

*Les chefs d'orchestre – Première partie*

Il n'y a pas si longtemps, les chefs d'orchestre étaient considérés des empereurs tyranniques et impétueux, qui régnaient par l'intimidation et la peur. À l'université, j'ai étudié le cor avec Tom Kenny, qui avait joué sous la direction des plus célèbres chefs d'orchestre de sa génération, tels que Georges Szell, Fritz Reiner et Arturo Toscanini. Il m'a raconté plusieurs histoires qui ont confirmé ce stéréotype, tel que le démontre cette petite anecdote. Toscanini a reçu, cérémonieusement, une montre en or offerte par l'orchestre « NBC », de laquelle Tom était membre ainsi que Toscanini, le chef d'orchestre. Peu de temps après la présentation, l'orchestre, considérée par plusieurs comme la plus raffinée au monde, a commencé à jouer. Après le concert, le Maestro Toscanini a fracasser sa nouvelle montre récemment acquise, en pilant dessus sur scène. Tout cela parce que l'orchestre avait interprété un passage d'une façon qu'il n'avait pas apprécié. C'était une époque éprouvante pour un musicien d'orchestre.

Mais les temps ont changés. Les chefs d'orchestre sont, de loin, beaucoup moins menaçants de nos jours (surtout parce que les musiciens ne pourraient pas tolérer cela bien longtemps), et ils sont plus respectueux. J'ai récemment travaillé avec Steven Reineke (New York Pops, The National Symphony Orchestra) et après le premier spectacle, Steven a mis son bras autour de moi pour me donner quelques mots d'appréciation. Alors j'ai blagué que j'avais souvent remarqué le sentiment de soulagement des chefs d'orchestre qui arrivent en ville et découvrent que leur guitariste peut passer à travers le matériel sans causer quelconques maux sérieux.

Je lui ai alors demandé s'il était réellement difficile de trouver un bon guitariste et il m'a répondu: « En effet, j'ai été chanceux, mais je voyage souvent avec mes propres guitaristes ou j'appelle à l'avance pour obtenir de bons renseignements. On m'a dit que tu serais à la hauteur et ils avaient raison ». Flatterie à part, Steven est un homme très gentil, ainsi qu'un bel exemple de la nouvelle vague de chefs d'orchestre.

Dans la même veine, le gourou de la Pop américaine, Jack Everly, apporta en ville son style particulier de musique tape- à- l'œil, cette fois, sous le thème du « Peace and Love ». On nous a tous encouragé à revêtir nos costumes de la fin des années 1960 et on s'est bien amusé lors du spectacle (Voir la photo ci-dessous). On m'a demandé de jouer de la guitare électrique et acoustique, du banjo, de la mandoline et du ukulélé. C'était peut-être la troisième fois que je jouais pour Jack et il est venu me voir après le dernier spectacle, m'a serré la main et m'a dit de très belles choses. Ayant grandi avec l'ancienne image de ce qu'était un chef d'orchestre, je fus légèrement déconcerté… Je me suis cependant senti vraiment apprécié et enthousiaste à l'idée de jouer pour lui à nouveau.

Juste comme je pensais que les chefs d'orchestre, de nos jours, étaient vraiment plus agréables que du temps de Tom Kenny, j'ai fait la rencontre de Franz-Paul Decker, de qui je me souvenais depuis ma jeunesse à Montréal. À notre première répétition, l'orchestre a joué un tango de Piazzola. J'étais à la guitare classique et au premier essai, on n'entendait pratiquement pas mon solo de guitare. J'ai alors levé ma main et j'ai dit:

« Maestro, il y a un solo de guitare dans cette pièce. Voudriez-vous amplifier le son de la guitare? » Il m'a lancé un regard d'incompréhension et de dédain. Je suis certain qu'il pensait: « Pourquoi est- ce que tu me parles? C'est juste une guitare et tu n'es qu'un guitariste. » Il a agité la main, comme s'il balayait une question vraiment stupide et a poursuivi sans dire un mot.

À la répétition suivante, le Maestro Decker a tout arrêté et m'a demandé pourquoi je portais une casquette (de baseball). Le jour d'avant, j'avais remarqué que la plupart des musiciens de la section des percussions étaient en culottes courtes et portaient des casquettes. J'ai donc conclu que je pouvais le faire aussi. À ce moment, j'ai simplement dit : « C'est une mauvaise journée pour mes cheveux aujourd'hui » Il a alors repris silencieusement son regard de la veille… Était-ce personnel ?

Le soir du concert, j'étais dans les coulisses en attendant que l'orchestre termine une autre pièce, quand le Maestro s'installe à côté de moi. Nous étions seuls, et le silence était palpable. Je m'aventure : « Vous savez, Maestro, je me souviens d'avoir assisté à plusieurs concerts quand je vivais à Montréal, et vous en étiez le chef d'orchestre ». Le Maestro Decker avait de bons souvenirs de Montréal et ce faisant, son comportement changea complètement. Sous peu, nous conversions en français, se remémorant la ville (« c'est bien dommage que Ben's n'est plus là ») comme de vieux amis. Juste avant de monter sur scène, par contre, un membre de l'équipe technique lui adressa la parole et il est redevenu instantanément « le Maestro ». En route vers la scène, je sentais notre amitié s'évanouir. Pendant qu'on nous ouvrait les portes, il me souffle « J'ai dirigé Segovia, vous savez ». Je me suis faufilé silencieusement sur scène, pour jouer de la guitare — non-amplifiée.

Photo : Avec l'Orchestre Symphonique d'Edmonton, après un concert avec Jack Everly.
Photo : Jan Urke

# ACCORDS – PREMIÈRE PARTIE

## Triades

On appelle Accord la réunion de trois notes ou plus, entendues simultanément. L'accord de base se nomme : Triade

Cette Triade se compose en ajoutant deux tierces au-dessus de la Fondamentale. La première note au-dessus se nomme la Tierce (3) de l'accord et la deuxième la Quinte (5) de l'accord.

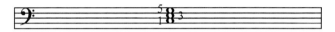

La Fondamentale (C) – La Tierce (E) – La Quinte (G)

## Position fondamentale et renversements

Il est important de noter que ces accords peuvent être joués en différentes positions, qu'on appelle renversements, toujours en employant les mêmes trois notes. Chaque note, cependant, continue à jouer son rôle dans l'accord. La Fondamentale demeure la fondamentale, la Tierce demeure la tierce et la Quinte demeure la quinte.
Voici les trois principales positions :

Position fondamentale :     Lorsque la Fondamentale est la note plus grave jouée
Premier renversement :      Lorsque la Tierce est la note la plus grave jouée
Deuxième renversement :   Lorsque la Quinte est la note la plus grave jouée.

Voici les trois positions de la Triade de F majeur :

Position fondamentale      1ᵉ Renversement      2ᵉ Renversement

## Type de Triade : Majeure, mineure, diminuée, Augmentée

Les Types de Triades sont les mêmes que les intervalles, soit Majeure, mineure, diminuée ou Augmentée.

Triade Majeure :       Tierce Maj. et Quinte Juste au-dessus de la Fondamentale
Triade mineure :       Tierce min et Quinte Juste au-dessus de la Fondamentale
Triade diminuée :      Tierce min. et Quinte dim. au-dessus de la Fondamentale
Triade Augmentée :   Tierce Maj. et Quinte Aug. au-dessus de la Fondamentale

F Majeur          F mineur          F diminué          F Augmenté

Ces quatre accords sont les pierres angulaires sur lesquelles sont basés tous les autres accords. Familiarisez-vous avec leurs sons — chaque accord possède un caractère et une application particulière.

Trois de ces Triades se trouvent naturellement dans la gamme Majeure. En se servant des notes de la gamme Majeure et en les superposant en tierces sur chaque degré, nous avons le modèle suivant :

Alors quelque soit la tonalité Majeure que nous jouons, nous savons que le type d'accord sur chaque degré sera toujours le même. Par exemple, que ce soit dans la tonalité de Ab Majeur, C # Majeur ou F Majeur, l'accord qui se trouve sur le 4e degré sera toujours Majeur, sur le 6e degré toujours mineur et sur le 7e toujours diminué.

**Arpèges :**
Un arpège est le son Mélodique (successif) des notes d'un accord. Les modèles peuvent varier. Ci-dessous, quelques exemples d'arpèges :

# EXERCICES

1. Identifiez les accords suivants en Position Fondamentale :

2. Identifiez les accords suivants en premier renversement :

3. Identifiez les accords suivants en deuxième renversement :

4. Écrivez, dans la Position Fondamentale, toutes les Triades qui se trouvent dans la gamme de Bb Majeur.

5. Écrivez dans leur premier renversement, toutes les Triades qui se trouvent dans la gamme de A Majeur.

6. Écrivez les Triades suivantes dans leur deuxième renversement.

# ACCORDS – DEUXIÈME PARTIE

**La marche des voix**

La marche des voix est une considération importante pour tous les musiciens qui jouent des accords. Ceci fait référence au choix des Renversements des accords (la mise en voix) et l'enchaînement d'un accord à l'autre.

Par exemple, si quelqu'un ne joue au piano que des accords dans la Position Fondamentale avec la main droite, le résultat sera saccadé et disjoint, comme si les accords bondissaient un peu partout sur le clavier. Ce même phénomène se produit lorsque les guitaristes parcourent le manche de leur instrument en ne jouant que des accords barrés (barre chords). Il existe un meilleur moyen !

Quoiqu'il se peut qu'au début, un certain temps vous soit nécessaire avant de pouvoir localiser les notes qui vous sont disponibles, le résultat de vos efforts sera important. Votre jeu en sera amélioré, vous apprendrez à mieux connaître votre instrument et vous comprendrez mieux les mécanismes de la musique.

La première étape est d'analyser les accords que vous devez jouer et de voir quelles sont les notes que ces accords ont en commun. Voici quelques exemples :

Note en commun F          Notes en commun G, B          Note en commun Bb

Ensuite, analysez les notes que les accords n'ont pas en commun et liez ces notes aux notes les plus proches avoisinant l'accord suivant. Lorsque vous joignez ces deux principes, votre marche des voix devient plus soignée et le jeu devient habituellement plus facile.

Revisitons les exemples ci-dessus, en employant une bonne marche des voix

F Maj | Bb Maj | G Maj | E min | Eb Maj | Bb Maj
Position fond | 2ᵉ Renv | Position fond | le Renv | Position fond | le Renv

Voyez dans les exemples ci-dessus comment :

- Les notes en commun restent dans le même Registre (emplacement sur la portée) et ;
- Les autres notes ne bougent jamais plus qu'une Seconde.

Comprendre ce concept est aussi important pour les improvisateurs, compositeurs de mélodies ou créateurs de lignes de basse, car il est essentiel de savoir quelles notes existent dans chaque accord, et le chemin le plus court pour les trouver lors de la création d'accompagnements qui répondent à l'Harmonie (Accords).

Comme on l'a déjà mentionné, les Triades sont les pierres angulaires pour la création des accords. Cependant, au-delà des accords de 3 notes, il existe un monde d'accords plus complexes composés de 4, 5, 6 notes et même plus. Comme les triades, chacun de ses accords plus larges a lui aussi une couleur et une application distinctes.

**Accords de Septième**
L'accord de 7ᵉ est le plus répendu des accords de quatre notes. Il tient son nom du fait qu'en ajoutant une autre Tierce à la Triade, la note la plus aiguë devient une Septième.

Fondamentale – Tierce – Quinte – Septième

Lorsqu'on ajoute la septième à la triade, la 7ᵉ peut être Majeure ou mineure

Les Accords peuvent alors être identifiés en nommant :
a) le type de base de la Triade (Maj. min. dim. Aug.) et ;
b) la nature de la septième (Maj. min.)

Cependant, quelques règles supplémentaires entrent en jeu lorsqu'il s'agit d'identifier les accords :

1. On doit supposer que les accords sont Majeurs, à moins qu'ils soient identifiés autrement. Alors, une Triade en G # Majeur par exemple, s'écrit simplement G #.

2. Tous les autres types d'accords (triades de base) sont identifiés par les abréviations suivantes :
mineur         m              (m minuscule), ou – (tiret)
diminué        dim,           ou ° (cercle)
Augmenté       Aug,           ou + (signe plus)

Par exemple :

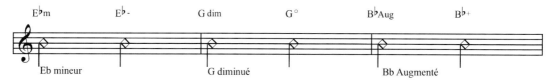

3. Les Septièmes sont toujours mineures à moins d'être identifiées autrement. Alors, lorsqu'on nomme les accords une :
7ᵉ mineure      est simplement écrite 7ᵉ, tandis qu'une
7ᵉ Majeure      est écrite 7ᵉ Maj., un triangle ou un 7 dans un cercle.

Mettons donc en vigueur ces règlements en examinant chacune des quatre Triades de base et en y ajoutant les 7ᵉ. Ces accords seront nommés en utilisant leurs différentes abréviations et apparaîtront dans des renversements variés.

## Accord Majeur + les 7ᵉ

Puisqu'un accord Majeur est l'accord « par défaut », pour ainsi dire, on n'indique pas le type de Triade, mais seulement la nature de la 7ᵉ :

## Accord mineur + les 7ᵉ

Dans ce cas, on indique le type d'accord en plus de la nature de la 7ᵉ :

## Accord Augmenté + les 7ᵉ

À nouveau, on indique le type d'accord en plus de la nature de la 7ᵉ :

## Accord diminué + les 7ᵉ

J'ai gardé l'accord diminué pour la fin, car il y a, en effet, deux formes d'accord 7ᵉ diminué.

**7ᵉ diminué :** La première forme est l'accord 7ᵉ diminué et tient son nom en vertu du fait qu'une tierce mineure sépare chacune des quatre notes de l'accord. Ceci étant, la 7ᵉ de l'accord est en effet une 7ᵉ diminuée (et non une 7ᵉ mineure).

**Demi-diminué :** L'accord demi-diminué tient son nom du fait que la triade de base est en effet diminuée mais la 7ᵉ est mineure (et non pas diminuée).

**À Noter :** L'accord 7ᵉ diminué ne comprend jamais une 7ᵉ Majeure.

Voici le modèle des accords de 7ᵉ qui se trouvent naturellement dans une gamme Majeure, cette fois-ci dans la tonalité de C Majeure.

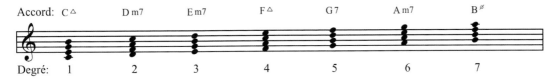

**3e renversement**: Lorsque la note la plus grave d'un accord est la 7e, l'accord est dans son 3e renversement. Voici quelques exemples des accords en 3e renversement :

# EXERCICES

1. Identifiez les accords suivants :

2. Écrivez les accords suivants dans la Position Fondamentale

3. Écrivez les accords suivants dans leur 1er Renversement

4. Écrivez les accords suivants dans leur 2e Renversement

5. Écrivez les accords suivants dans leur 3e Renversement

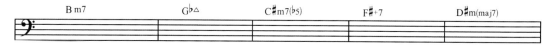

6. Écrivez les enchaînements d'accords suivants avec une bonne marche des voix ; utilisez les Blanches.

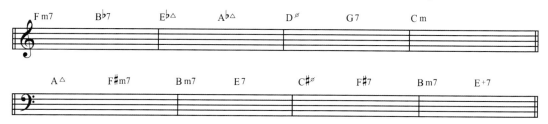

## Les chefs d'orchestre – Deuxième partie

C'est une tradition pour les musiciens, dans une orchestre, de bouger leurs pieds quand ils considèrent que l'un des musiciens a fait quelque chose de remarquable sur scène. Et c'est arrivé, un soir, que les chanteurs et moi ont reçu une bonne dose de mouvements de pieds lors d'une soirée où l'Orchestre Symphonique d'Edmonton jouait la musique du groupe « Queen », avec un groupe vocale magnifique en provenance de la Finlande (nom retenu parce que…). Malheureusement, le chef d'orchestre fût perçu comme étant plutôt arrogant et ne fût pas bien reçu par l'orchestre.

Après avoir reçu la musique (je demande les partitions d'avance, si possible), j'ai remarqué qu'absolument aucun des célèbres solos de guitares n'étaient écrits. Rien — même pas l'ultra-célèbre matériel de la chanson « Bohemian Rhapsody ». Il était simplement noté : « solo de guitare ». Bien que je suis habituellement le premier à défendre l'expression de notre propre créativité, en autant que possible, je savais avec certitude que tout le monde attendait ces solos de guitare, devenus iconiques. J'ai donc entrepris le travail de transcrire les parties les plus importantes… Et cela a pris un bon moment !

Au courant de la soirée, les choses allaient très bien et comme je l'ai déjà dit, nous avons reçu à plusieurs occasions des mouvements de pieds de la part de l'orchestre. Quand le concert s'est terminé, un certain nombre des membres de l'orchestre, habituellement un groupe très réservé, ont souligné le fait que le chef d'orchestre ne m'avait pas adressé un salut (une autre tradition, lorsqu'un musicien se distingue). Ils savaient que j'avais transcrit les solos et trouvaient que j'avais travaillé fort pour que le chef d'orchestre paraisse bien, et que la chose honorable à faire aurait été de partager les saluts !

Je ne dis pas que les deux éléments sont reliés mais, je remarque que ce chef d'orchestre n'est jamais revenu depuis…

En revanche, les premiers mots que m'a adressé le directeur artistique et chef d'orchestre de l'OSE, Bill Eddin's, étaient: « Hey! Beau travail! C'est une Gibson? », après que j'eu joué un solo de blues en répétition. Bill est un chef d'orchestre passionné, ainsi qu'un virtuose du piano. La légende dit que Bill sait toujours qu'il est prêt à jouer un concerto sur lequel il a travaillé, le jour où il peut parfaitement le jouer, alors qu'à ce même moment, il écoute du Led Zepplin dans ses écouteurs et qu'il entretient simultanément une conversation !

*Photo Gauche à droite: Ike Willis (Chanteur et guitariste avec Frank Zappa), moi, John Taylor. Après une répétition avec l'OSE, jouant la musique de Zappa.*

# ACCORDS–TROISIÈME PARTIE

L'accord de cinq notes le plus répendu est l'accord de 9ᵉ. Pour ce faire, il suffit simplement de superposer une autre Tierce sur l'accord de 7ᵉ y ajoutant ainsi un autre intervalle, la 9ᵉ. Nous voici arrivés aux intervalles qui dépassent l'octave. Lorsque ces notes, (i.e.: 9ᵉ 10ᵉ, 11ᵉ, 13ᵉ) sont employées dans des accords, elles s'appellent des Prolongements, parce qu'elles s'étendent au-delà de l'octave.

Tout comme les accords de 7ᵉ, les accords de 9ᵉ sont identifiés en nommant:
a) le type de Triade de base (Maj. min. dim. Aug);
b) la nature de la 7ᵉ (Maj. min.);
c) la nature de la 9ᵉ.

La nomenclature de la musique *Jazz/Pop* a évoluée en une sorte de « sténographie » de façon à fournir d'une manière efficace le plus d'informations possibles. Alors, au lieu d'étiqueter les 9ᵉ comme mineures ou Augmentées ( ce qui prend trop d'espace sur une page), nous voyons le signe – (moins) ou b (bémol) pour indiquer un intervalle abaissé (mineur ou diminué), et # or + (signe plus) pour indiquer un intervalle haussé (Augmenté).

Voici les accords de 9ᵉ que nous trouvons le plus souvent:

| | |
|---|---|
| 9ᵉ | (Accord de 7ᵉ avec une 9ᵉ Majeure) |
| Maj7 9 ou Maj9 | (Accord Majeur de 7ᵉ avec une 9ᵉ Majeure) |
| 7(–9); 7b9 | (Accord de 7ᵉ avec une 9ᵉ mineure) |
| 7#9, 7+9 | (Accord de 7ᵉ avec une 9ᵉ Augmentée) |
| m9 | (Accord mineur de 7ᵉ avec une 9ᵉ Majeure) |

Voici les accords de 9ᵉ les plus utilisés, construits sur la Fondamentale de F:

L'utilisation de «sténographie» ci-dessus (–, b, # et +) s'applique aussi aux 5ᵉ et à tous les Prolongements. Lorsqu'il s'agit de 5ᵉ, nous trouvons ceci le plus souvent:

| | |
|---|---|
| 7(–5); 7b5 | Accord de 7ᵉ avec une 5ᵉ abaissée |
| 7#5; 7+5 | Accord de 7ᵉ avec une 5ᵉ haussée |
| Maj7–5; Maj7b5 | Accord Majeur de 7ᵉ avec une 5ᵉ abaissée |
| Maj7+5; Maj7#5 | Accord Majeur de 7ᵉ avec une 5ᵉ haussée |
| m7–5; –7b5 | Accord mineur de 7ᵉ avec une 5ᵉ abaissée (demi-diminué) |

| | |
|---|---|
| m7 #5 ; −7 +5 | Accord mineur de 7$^e$ avec une 5$^e$ haussée |
| 9 #5 ; 9 +5 | Accord de 9$^e$ avec une 5$^e$ haussée |
| 9(−5) ; 9(b5) | Accord de 9$^e$ avec une 5$^e$ abaissée |
| m9(−5) ; −9b5 | Accord mineur de 9$^e$ avec une 5$^e$ abaissée |
| m9 #5 ; −9 +5 | Accord mineur de 9$^e$ avec une 5$^e$ haussée |

Quelques exemples construits sur la Fondamentale G :

Nous pouvons aussi employer cette technique d'abaisser ou rehausser les notes à plus d'une note de l'accord. Par exemple :

| | |
|---|---|
| 7 −5b9 ; | 7(b5) −9 Accord de 7$^e$ avec une 5$^e$ et 9$^e$ abaissées |
| 7b5 #9 ; 7(−5 +9) | Accord de 7$^e$ avec une 5$^e$ abaissée et une 9$^e$ haussée. |
| 7 +5(−9) ; 7 #5b9 | Accord de 7$^e$ avec une 5$^e$ haussée et une 9$^e$ abaissée. |
| 7 +5 +9 ; 7 #5 #9 | Accord de 7$^e$ avec une 5$^e$ et une 9$^e$ haussées |
| m9 #5 ; min9 +5 | Accord mineur de 9$^e$ avec une 5$^e$ haussée |
| m9(b5) ; m9 −5 | Accord mineur de 7$^e$ avec une 5$^e$ abaissée et une 9$^e$ Majeure |

Lorsque la 5$^e$ et la 9$^e$ sont modifiées (haussées ou abaissées), les accords sont considérés : Accords modifiés.

Quelques exemples d'Accords modifiés, dans divers renversements :

Ces mêmes principes peuvent être employés pour des accords encore plus élaborés qui comprennent des accords de 9 avec une 13$^e$ ajoutée (accords de 13)

NB : un accord de 13 comprend habituellement une 7$^e$ et une 9$^e$ aussi. Quelques exemples :

### Accords qui n'ont pas de 7$^e$

Il existe une catégorie d'accords qui ne comprend pas la 7$^e$, mais à la place, ajoute la sonorité de la 2$^e$ (ou 9$^e$) et / ou de la 6$^e$ à un accord Majeur ou mineur.

Pour ne pas confondre un tel accord qui inclue la 9$^e$ mais pas la 7$^e$, ces accords sont habituellement étiquetés « add9 ». Exemples : Cm(add9) ; Bb(add9).

Les accords qui comprennent la 2$^e$ se nomment accords de 2.

NB : Il est important de se rappeler que la 2$^e$ et la 9$^e$ sont la même note, séparées d'un octave.
La 9$^e$ est un prolongement (au-delà d'une gamme de huit notes), et est jouée habituellement dans la partie supérieure de la mise en voix de l'accord. La 2$^e$ est plus près de la fondamentale, et est jouée dans la partie inférieure de la mise en voix de l'accord.

Cependant, l'inclusion de la 2$^e$ peut créer de la confusion ; parfois la 2$^e$ doit remplacer la 3$^e$ de l'accord, et d'autres fois, la 2$^e$ est simplement ajoutée à la la triade. Pour y voir plus clair, voici la notation suggérée (avec C comme la fondamentale) :

C2                          La 2$^e$ remplace la 3$^e$ de l'accord (C,D,G)
C(add2), Cm(add2)           La 2$^e$ est ajoutée à la Triade de la même façon que l'accord add9

Les accords qui comprennent seulement la 6$^e$ se nomment accords de 6.
Exemple : G6, F # m6
Les accords qui inclus et la 6$^e$ et la 9$^e$ se nomment accords de 69. Exemples : Ab(69) ; B69.

Voici quelques exemples d'accords de 2, 6, et 9, dans divers renversements :

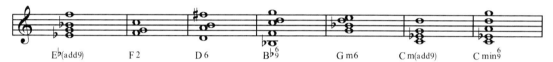

**Les accords « suspendus », 11 et 5**
En théorie classique, un accord suspendu inclus la « suspension » de l'une des trois notes de la Triade principale, en faveur de la note voisine du degré plus haut. Ceci crée une tension qui est résolue quand la note avoisinante revient à la note de l'accord, qu'elle remplaçait de façon temporaire.

Cependant dans la nomenclature du *Jazz / Pop*, l'accord suspendu fait seulement référence à la suspension du 3$^e$ degré au 4$^e$.

Les accords suspendus vont souvent inclurent aussi la 7$^e$ et parfois la 9$^e$.
Quelques exemples (dans des renversements variés) :

Utilisée en prolongement, la 4$^e$ se nomme 11$^e$ (ici sont rôle est d'ajouter une couleur à l'accord, et n'a pas nécessairement besoin d'être résolue). La 11$^e$ est habituellement ajoutée à un accord de 7$^e$ mineur, et se nomme « m11 ». Dans ce cas, il est sous-entendu que l'accord comprend la 7$^e$. Quelques exemples :

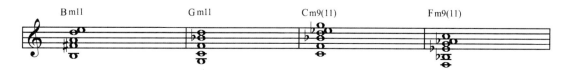

Avec la venue du Rock and Roll s'est développé le Power Chord. Le Power Chord n'est pas véritablement un accord, vu qu'il comprend seulement 2 notes — la fondamentales et la quintes (5$^e$). Cependant, on la retrouve partout, et l'absence de la tierce (3$^e$) lui donne une qualité d'ambiguïté qui peut donner puissance et ambience. On la nomme accord de 5. Quelques exemples :

## EXERCICES

1. Identifiez les accords suivants :

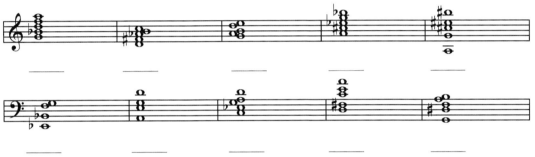

2. Écrivez les accords suivants :

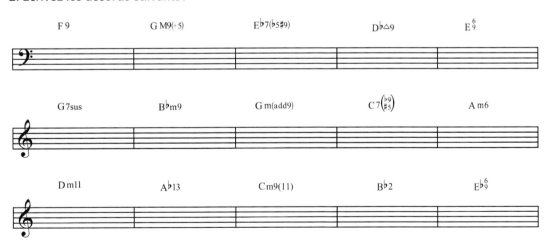

J'ai toujours avoué que mes capacités de lecture à vue sont dans la moyenne des meilleures. Mais pour un guitariste, ce niveau d'habileté te propulse au statut de héros de la lecture à vue. Je ne peux pas compter le nombre de fois que des directeurs musicaux et des chefs d'orchestre m'ont approché avec peur et appréhension, avant une répétition, parce qu'ils avaient enduré des expériences pénibles dans leurs carrières avec des guitaristes qui ne «pouvaient pas jouer avec les autres». Ils ont donc pris pour acquis que j'aurais besoin de conseils et de traitement spéciaux.

Il y a plusieurs raisons qui expliquent ce phénomène, et cela n'a rien à voir avec le talent. La première est que la plupart des guitaristes ont une expérience limitée à lire la musique, parce que ce n'est habituellement pas requis. Plus souvent qu'autrement, savoir bien jouer l'instrument suffit à passer au travers. Mais sans une habileté de bien lire à vue, vous vous retrouverez en sueurs dans certaines circonstances où les attentes sont élevées, ou le temps de pratique est limité ou même inexistant et que vous devez jouer, peu importe ce qui se présente à vous.

Lire la musique pour la guitare est beaucoup plus ardue que pour d'autres instruments. Contrairement aux autres instruments, qui n'ont qu'une ou deux façons standards de livrer une note, la guitare, elle, a d'abord besoin d'être décodée avant que vous puissiez percer le mystère de là où les notes se trouvent, de quelle note utiliser et quand, de comment construire un accord complexe et de comment gérer les passages avec plusieurs notes en même temps. À ceci s'ajoute une difficulté exponentielle due à la façon que la guitare est étalée (tous les joueurs d'instruments à cordes ont ce même défi, mais la plupart n'ont que 4 cordes, lesquelles sont réparties en séries consécutives de 4e ou 5e, et ne jouent pas d'accords). Et ça prend un grand lot de patience et de détermination pour déchiffrer le code.

La preuve qui démontre que la guitare peut-être complexe, se trouve dans le nombre de partitions de guitare que j'ai jouées, où les compositeurs et les arrangeurs avaient écrit des passages qui étaient impossibles à jouer sur l'instrument. Dans ces cas, j'ai toujours résisté à la forte envie de me plaindre haut et fort (qui allait m'écouter, de toute façon?) et j'ai suivi les conseils de l'École de survie de Tommy Tedesco (plus de détails sur Tommy Tedesco à venir), et de m'assurer de jouer les notes les plus aiguës, telles qu'écrites, et d'ajouter le reste du mieux que je pouvais.

Aux guitaristes qui font l'apprentissage de la lecture de la musique, je vous offre ceci : c'est une habilité qui vous donnera un énorme avantage sur la compétition et cela devient plus facile avec le temps. Mais S.V.P., prenez-garde : une fois que vous commencerez à faire du progrès, vous adorerez peut-être cela!

J'ai déjà joué quelques soirs avec la légende de la musique Pop, Petula Clark, qui était aussi célèbre que les Beatles dans les années soixante. Petula était charmante ; un véritable mariage de grâce et d'aplomb sur scène (elle m'a dit, avant la répétition de l'un de ses grands succès: «Jimmy Page a joué de la guitare sur cette chanson, tu sais. »). Son directeur musical, lui, était beaucoup moins gracieux et ne se faisait pas d'amis parmi les musiciens…

Pour ajouter une couche supplémentaire de tension à cette dynamique, le directeur musical avait eu une très mauvaise expérience dans une autre ville, juste avant de venir à Edmonton, où le guitariste avait été remercié de ses services parce qu'il n'était pas en mesure de suivre les partitions.
Pas de pression !

Au milieu du premier concert, j'ai remarqué une figure sombre s'approcher de moi.C'était le redoutable directeur musical qui s'était frayé un chemin pour venir s'asseoir juste en face de moi pendant un long solo de guitare (j'étais debout sur la scène). Du coin de l'œil, j'ai réalisé qu'il traçait, avec son doigt sur la partition, l'enchaînement des accords, soi-disant pour ne pas que je me perde !

Cela aurait pu être humiliant, si ça n'avait pas été aussi amusant. Je lui ai lancé un regard furieux avant de prendre quelques pas de côté, dos à lui, pour l'empêcher, pour l'empêcher d'avoir accès à mon lutrin.

J'ai fermé les yeux et j'ai terminé mon solo de guitare sans ne plus regarder la partition (après tout, ce n'était qu'un simple blues). Une fois le solo terminé, il m'a tapé dans le dos et est retourné au piano. Il n'a plus jamais quitté ce banc de piano !

*Photo : Jack Clark*

# LIRE LA MUSIQUE

La musique est une langue, au même titre que toute autre langue. Plus on développe notre habileté à l'écrire et à la parler, plus on deviendra apte à communiquer de façon efficace.

La musique écrite est un outil de communication. Être en mesure de lire et écrire la musique couramment permet au musicien :
a) communiquer de façon efficace avec d'autres musiciens ;
b) documenter des idées de façon claire ;
c) d'étendre son répertoire au-delà de ce que l'on peut mémoriser ;
d) parcourir plusieurs différents styles et situations musicales, et ;
e) d'avoir accès à de concepts plus sophistiqués et une compréhension plus approfondie.

Comme on l'a vu auparavant, il y a plusieurs considérations importantes quand on lit la musique :

- Armature

- Chiffres indicateurs

- Clé

- Tempo (habituellement indiqué en Italien ou dans une autre langue européenne (i.e. : largo, allegro, moderato), ou en Temps Par Minute (i.e. : 120 TPM).

Voici d'autres points importants :

**Anacrouse *(Pickup)***
Il arrive régulièrement qu'une mélodie ou une partition débute avant le temps fort (premier temps). Lorsque cela se produit, nous avons une anacrouse *(pickup)*.

En voici un exemple, tiré du chant traditionnel : « *When The Saints Go Marching In* » :

**Lire des accords**
Notes Graves : Il arrive souvent qu'une note autre que la fondamentale doit être jouée dans le registre grave (ou dans la position la plus basse). Pour ce faire, l'accord est écrit suivi d'une barre oblique suivi du nom de la note grave désirée :

G/A          B♭△/F          C♯m7/F♯          D 7/F♯

Les accords sont placés au-dessus des temps sur lesquels ils doivent être joués. Plusieurs mesures peuvent souvent se dérouler sans changement d'accord. Dans ce cas-là, on joue le même accord jusqu'au moment où un autre accord apparait.

À la lecture, vous trouverez les accords inscrits de trois façons différentes :

1. Au-dessus de la mélodie :

2. Au-dessus des barres obliques :

Ces barres obliques ne donnent aucun détail à l'interprète au sujet des rythmes à jouer (afin de laisser à l'interprète la liberté de faire ce que bon lui semble), mais elles indiquent les temps sur lesquels on doit changer les accords. (notez bien que Dbm7 tombe sur le 4ᵉ temps de la 2ᵉ mesure)

3. Au-dessus de rythmes spécifiques :
Le style de la note maîtresse *(note head)* dans ce cas, n'indique aucune note spécifique, permettant à l'interprète, encore une fois, la liberté de formuler les accords comme bon lui semble. Cependant, les accords doivent être joués selon les rythmes indiqués et sur les temps indiqués.

**Nuances**
Les nuances sont des termes qui nous indiquent de jouer plus fort ou moins fort.
En voici quelques-uns :

| | | |
|---|---|---|
| p | piano | doux |
| pp | pianissimo | très doux |
| mp | mezzo-piano | légèrement plus fort que Piano |
| f | forte | fort |
| mf | mezzo-forte | légèrement moins fort que Forte |
| ff | double-forte | très fort |

Variation soudaine :
| | | |
|---|---|---|
| sfz | sforzando | un accent soudain de doux à fort |

Variations graduelles :
| | | |
|---|---|---|
| cresc | crescendo | de plus en plus fort |
| decresc | decrescendo | de plus en plus doux |
| dim. | diminuendo | de plus en plus doux |

Crescendo et Diminuendo sont aussi indiqués par des « épinglettes », comme ci-dessous :

## Style d'exécution

Le style d'exécution fait référence aux techniques d'interprétation dans le but d'obtenir différentes formes d'expressions.

Voici quelques termes courants les plus en usage :

| | |
|---|---|
| Legato | *coulant, en liant les notes (à la guitare, cela veut souvent dire marteler les cordes (hammer-ons) ou de simples attaques avec pic sur 2 cordes ou plus)* |
| Liaison | *sans attaque* |
| Staccato | *détaché, séparé* |
| Marcato | *accentué* |
| Tenuto | *soutenu, ou joué un brin plus fort* |

## Indications de Tempo

Quelques Indications de Tempo les plus en usage :

| | |
|---|---|
| Andante | *Plutôt lent, à pas modéré* |
| Moderato | *Mouvement modéré* |
| Presto | *Très rapide* |
| Allegro | *Vif et assez rapide* |
| Allegretto | *Légèrement plus lent que allegro* |
| Vivo | *Animé, vivement* |
| Adagio | *Lent et ample* |
| Largo | *Très lent* |

## Variations de Tempo

| | |
|---|---|
| Accelerando | *De plus en plus rapide* |
| Meno mosso | *Moins de mouvement* |
| Piu mosso | *Plus de mouvement* |
| Rallentando | *De plus en plus lent (rall.)* |
| Ritardando | *Ralentissement rapide (rit. ou ritard.)* |
| Rubato | *Librement, hors tempo* |

## Sensibilité *(Feel)* et *Groove*

En musique moderne, les musiciens se voient souvent aux prises avec le *Groove*, ou la sensibilité d'une chanson et des termes comme : *Swing, Bluesy, Funky, R&B, 16th Note Swing, Bossa Nova, Jazz – Waltz, Ska, Reggae, "Swampy"* etc., termes employés pour décrire la façon qu'une pièce doit être interprétée. On fait référence aux choix des rythmes, surtout, mais souvent le choix des gammes et accords est aussi impliqué.

Pour nos besoins, cependant, on s'arrête sur deux sensibilités principales : forme écrite *(Straight)* et *Swing*

La sensibilité *Straight* décrit la manière stricte dont la musique est normalement interprétée, selon la page écrite, les croches et les doubles croches jouées de façon symétrique (binaire).

La sensibilité *Swing* fait référence au *groove* bien connue de la musique *Swing* dont les croches et doubles croches sont écrites de la manière traditionnelle mais interprétées comme suit (ternaire) :

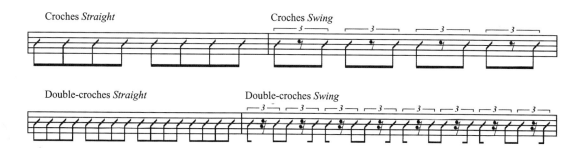

Une étude complète de grooves, sensibilités (feels) et styles mériterait un autre tome. Cependant, un musicien peut en apprendre beaucoup en écoutant attentivement plusieurs styles et en portant attention aux rythmes, à l'interprétation et au choix de notes et d'accords qu'il entend.

### Coup d'envoi d'une chanson

Dans le monde de la musique classique, les tempos sont rarement initiés de façon auditive. L'orchestre s'en remet au langage corporel ou encore au bâton du chef d'orchestre. C'est le cas aussi pour la musique dite « non-classique », mais moins fréquemment. En fait, en musique populaire en général, on n'attache aucun stigmate à l'initiation du tempo à haute-voix qui donne le coup d'envoi au groupe.

Quelques suggestions pour les batteurs et les chefs de groupes :

- Ce n'est pas un secret. Assurez-vous que vos camarades vous entendent ;
- Prenez une seconde ou deux pour bien absorber le tempo. Murmurez-vous le refrain pour le trouver ;
- Employez un langage corporel persuasif pour communiquer le tempo (nuances, arrêts, etc.);
- Assurez-vous que le tempo que vous donnez n'est ni plus vite ni plus lent que celui que vous entendez dans votre tête. Les musiciens inexpérimentés vont souvent devenir gênés ou nerveux et, pour en finir, initierons un tempo trop rapide.

### Reprises

Il existe plusieurs moyens d'indiquer la répétition d'une section de la musique :

La **reprise d'une mesure** veut dire une répétition littérale de la mesure précédente, tandis que la reprise de deux mesures veut la répétition littérale des deux mesures précédentes :

Signes de reprise au début et à la fin d'une section veut dire une répétition littérale de la section qui se trouve entre les deux signes :

Les signes de reprise, avec Première et Deuxième Fins (quelques fois 3ᵉ, 4ᵉ, etc.). Jouez la section avec la Première Fin en premier lieu et après répétition de la section, prenez la Deuxième Fin.

Pour répéter les sections de musiques de plus grandes tailles, il devient plus efficace de se servir du système de signes suivant :

| | |
|---|---|
| *D.C (Da capo)* | *répéter depuis le début* |
| *D.S (Dal segno)* | *répéter depuis le signe D.S.* |
| *Coda* | *vers la conclusion* |
| *Fine* | *"Fin"* |

Vous verrez aussi une combinaison des signes ci-dessous :

| | |
|---|---|
| *D.C. al Fine* | *Retournez au début et jouez jusqu'à la fin* |
| *D.C. al Coda* | *Retournez au début et prenez le Signe Coda jusqu'au Coda* |
| *D.S. al Fine* | *Retournez au Signe D.S. et jouez jusqu'à la fin* |
| *D.S. al Coda* | *Retournez au Signe D.S. et prenez le Signe Coda jusqu'au Coda* |

Et les signes et indicateurs suivants sont importants :

| | |
|---|---|
| *To Coda* | Allez au Coda |
| 𝄋 | Signe D.S |
| 𝄌 | Signe Coda |

Ce qui suit, est un exemple d'un morceau (stinger # 2) qui comprend la plupart des signes de Reprise et aussi plusieurs autres éléments discutés ci-haut dans : « Lire la Musique »

# STINGER #2

Rock-Swing

Robert Walsh

Pendant mes jours en tant que musicien " New Wave", mon groupe (The XMEN, plus tard connu sous le nom de Broken Windows), était suivi par un bon nombre d'étudiants, qui prenaient parfois d'assaut le bar où nous jouions, déplaçant ainsi la clientèle régulière — typiquement des motards portant du cuir. La transition n'était pas toujours facile et il y a eu quelques incidents où les membres du groupe ont été tabassés (après avoir été aperçu avec des crayons pour les yeux dans les salles de bain pour hommes, par exemple) ou des bagarres ont surgi (le plus souvent parmi les patrons du bar mais parfois, impliquant aussi des membres du groupe). Nous étions le genre de groupe qui générait toujours de vives réactions et quand nous étions détestés, nous le savions sur le champ.

De ce fait, je peux penser à trois occasions, dans cette période, où j'ai eu à expulser physiquement quelqu'un de la scène. Il y avait aussi des incidents de lettres de menaces, de trous de balles dans les affiches, des escortes policières pour quitter le bar et une bagarre spectaculaire quand l'amplificateur de notre joueur de clavier a été renversé pendant notre rappel. Il a sauté en bas de la scène et a mis le vandale KO, grâce à un seul coup de poing, et a quitté le bar (sous des applaudissements) pendant que le reste du groupe continuait de jouer. Et c'est comme ça que nous avons appris à évaluer rapidement l'humeur de notre auditoire

Un soir, à North Bay en Ontario, il y a un monsieur qui est arrivé pour la première partie du spectacle et qui est resté toute la nuit. Il tapait du pied en souriant et semblait vraiment apprécier le groupe. Il était clair qu'il n'était pas un de nos détracteurs, mais c'était difficile de dire, de par son apparence, s'il était «un des nôtres» (un fanatique de New Wave, avec des coupes de cheveux ridicules et les vêtements de nos pères) ou « un des leurs » (Dinosaur Rockers, avec coupes de cheveux toutes aussi ridicules et portant du Spandex).

Ma guitare, à ce moment, était une magnifique Gibson rouge ES335 datant du début des années 1970. J'ai remarqué que cet homme l'avait regardé toute la soirée. À la fin de la soirée, il s'est approché de la scène et avec un grand sourire, a demandé à me parler. J'ai alors cherché un stylo afin de lui signer un autographe mais, avant que je puisse en trouver un, il a mis sa main sur mon épaule et m'a dit, avec un sourire particulier : « Je ne sais pas pour qui vous vous prenez, mais vous n'avez absolument pas d'affaires à jouer d'une si belle guitare».

Après ça, il quitte précipitamment, me laissant ainsi bouche-bée, au grand plaisir des autres membres du groupe.

Au moins, je n'avais pas eu à me battre avec lui!

Avec "The XMEN", et la guitare que je ne méritais pas de jouer!

# FORMATION AUDITIVE

Nous commençons à voir, à mesure que progresse notre développement en tant que musicien, le besoin réel de pouvoir identifier dans notre « oreille intérieure », les sons (notes) et l'harmonie (accords). Cette habileté est primordiale pour tout musicien qui improvise, et d'une très grande importance en fait pour tous les musiciens parce que cette habileté développe le sens de la justesse et aussi un éveil musical.

Tandis qu'il existe des cours entiers dédiés à la formation auditive, on peut cependant faire beaucoup nous-mêmes pour développer cette habileté. Par exemple:

- Visualisez une note de départ sur votre instrument, puis choisissez un intervalle au hasard et visualisez ce nouvel intervalle sur votre instrument. Du même coup, trouvez aussi cet intervalle dans votre oreille intérieure :

- Chaque intervalle possède un son caractéristique. Pensez à une chanson qui débute avec chacuns des intervalles et utilisez-les pour identifier et chanter / jouer les intervalles. (i.e. : *Somewhere Over the Rainbow* = Octave ; *My Bonny* = 6ᵉ Maj) :

- Lorsque vous écoutez de la musique, visualisez le jeu des notes de la mélodie sur votre instrument. Écoutez pour découvrir la relation entre la note de départ et la tonalité centrale, et son rôle à l'intérieur de l'accord (est-ce la 5ᵉ de l'accord ? La 6ᵉ de la tonalité ?) ;

- Lorsque vous écoutez de la musique, essayez d'identifier les notes graves et les accords. Soyez conscient de la fonction de l'accord (i.e. : est-ce l'accord 5 ? Est-ce l'accord mineur 3 ?)

- Lisez toute la musique qui vous tombe sous la main — surtout la musique que vous ne connaissez pas ! Mais avant de la jouer, essayez de la chanter. Vérifiez sur un instrument pour vous assurez de conserver la justesse.

- Sur un instrument à notes multiples, apprenez à jouer et à identifier les différents accords dans leurs renversements variés. Commencez avec les 4 triades de base, puis de là, ajoutez les 7ᵉ, etc.

- Écoutez une de vos chansons préférée et essayez d'analyser les accords : l'accompagnement de basse ; la mélodie ; et les solos s'il y a lieu. Essayez de les écrire (transcrire).

**Pratiquez !**
Pratiquer est un art. La plupart des gens ont tendance à répéter les choses qu'ils connaissent bien, et consacrent peu de temps à travailler les parties de leur jeu qui ont besoin d'amélioration. Quelques conseils :

**Établissez des objectifs**
Développez une routine qui vous permettra de travailler sur tous les différents aspects de votre jeu — gammes, accords, formation auditive, lecture, improvisation, exécution, et soyez disciplinés.

Continuez à établir de nouveaux objectifs à mesure que vous aurez atteint les précédents. Si le temps vous manque pour une pleine session de pratique, concentrez-vous sur un ou deux éléments essentiels.

**Pratiquez avec un métronome**
Faites-le ! Les avantages sont énormes. Le rythme continu d'être une faiblesse flagrante chez la plupart des gens.

**Trouvez-vous un enseignant**
En bout de ligne, en étant ouvert à l'apprentissage et en travaillant avec ardeur, nous nous enseignons à nous-même. Cependant, pour écourter le temps d'apprentissage de moitié (et éviter les mauvaises habitudes), étudiez si possible avec un enseignant qualifié.

NB : Pour des conseils de pratique et des vidéos, allez à *robertwalshmusic.com*

Andrea Menard est une chanteuse et comédienne Métisse extraordinaire de la Saskatchewan. Nous avons écrit plusieurs chansons ensemble, et à l'enregistrement de son deuxième album, « Simple Steps», elle voulait y inclure une chanson magnifique écrite par un autre artiste Métisse accompli, nommé Don Freed.

Nous sommes allés en studio enregistrer les pistes sonores de basse, de batterie et de guitare pour cette chanson et à la fin d'une longue journée, nous sommes retournés chez Andrea, heureux de notre bonne journée de travail. Un message téléphonique l'attendait, de Don Freed, qui disait avoir changé d'idée. Il prévoyait lui- même enregistrer cette chanson sur son prochain album, et préférait qu'Andrea ne l'enregistre pas. Ses raisons était bonnes, mais quel moment malchanceux pour nous l'annoncer ! Après avoir passé par toute la gamme d'émotions et à travers tous les scénarios possibles, nous avons pensé qu'il y aurait, quelque part, une percée de soleil dans ce nuage sombre et sommes sortis prendre une marche, afin de nous éclaircir les idées.Comme il arrive souvent dans l'air frais, la solution magique est apparue. Il m'est venue à l'idée de simplement utiliser les enchaînements d'accords et la structure de la chanson de Don afin d'écrire une nouvelle chanson, de façon à ne pas perdre les pistes sonores qui étaient déjà enregistrées (en passant, il n'y a aucun droit d'auteur sur les enchaînements d'accords).

Alors Andrea et moi nous sommes mis à écrire, jusqu'aux petites heures, pour être récompensés par une chanson que nous aimons beaucoup, appelée:
« Right here, Right now».

Merci Don!

Avec Andrea Menard.

# ÉCRIRE UNE CHANSON

L'écriture de la chanson ne fait pas habituellement partie d'un livre de théorie musicale, mais je l'inclus ici parce que souvent, le musicien contemporain met en valeur ses habiletés théoriques en jouant des chansons. Une bonne appréciation solide du métier d'auteur/compositeur est un atout pour tout musicien, et j'espère que ses renseignements seront utiles aux aspirants auteurs/compositeurs aussi.

Nous avons discuté jusqu'ici d'un aspect important de l'écriture de la chanson — l'harmonie, ou l'emploi des accords. Cependant il y a deux composantes qui sont encore plus importantes — la Mélodie et les Paroles.

### La Mélodie

La Mélodie est une succession de notes regroupées en motifs et en phrases que l'oreille perçoit comme un tout unifié. C'est cette partie de la chanson que la plupart des gens chante habituellement et sur laquelle on appose les paroles.

Les idées mélodiques, dans leurs plus simples expressions, sont présentées en Cellules qui peuvent être tissées en idées plus larges appelées Motifs. Ce sont ces Motifs qui forment une phrase mélodique encore plus large. Pour mieux en constater les effets, décortiquons cette magnifique mélodie tirée de la 40e symphonie de Mozart.

Dans cet exemple, nous pouvons voir plusieurs techniques employées au traitement de la mélodie. Voyez comment :

- Mozart emploie la répétition. En répétant consécutivement le Germe trois fois, il crée une certaine tension. Notre oreille s'attend à ce que cette tension soit résolue. Il y parvient en bondissant d'une Sixte mineure dans la direction opposée.

- Son prochain emploi de la répétition implique l'usage exact du rythme du motif. Il le répète mais dans une gamme descendante. En se faisant, Mozart établi ce motif rythmique comme motif accrocheur très mémorable qu'il emploie comme la pierre angulaire primaire de cette mélodie.

- Cette phrase de deux motifs crée un contour ondulatoire où la mélodie s'accroît, monte et descend. Cette phrase entière, complète avec son contour et ses motifs rythmiques, est répétée avec Variations—Mozart varie les notes de la mélodie (et de l'harmonie) pour créer une séquence, ou réponse à la phrase d'ouverture.

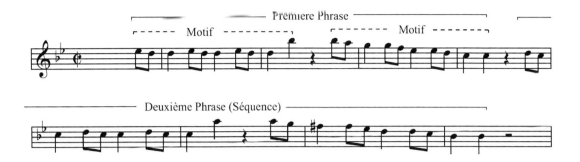

Une autre technique notable dans cette mélodie de Mozart réside dans son emploi des notes sans-Accords et des sauts.

Les deux premiers motifs sont presque toujours joués sur un accord de Gm. Cependant sa toute première note est sur une note sans-Accord (eb) qu'il résout trois fois à la note de l'accord D.

Puis, utilisant des notes sans-Accords appelées notes de Passage, Mozart poursuit dans un mouvement échelonné descendant. C'est ce mouvement échelonné sur des notes d'accords reliées par des notes de Passage, qui constitue la plus grande partie de la plupart des mélodies. Cette approche cependant, analogue à la gamme, deviendrait plutôt monotone assez rapidement si ce n'était des sauts au-delà des secondes, ajoutés à la mélodie pour créer de l'intérêt. La manière dont le compositeur ou l'auteur / compositeur de chansons emploie ces différents éléments déterminera la créativité et le succès de leurs mélodies.

Quelques remarques supplémentaires au sujet de la mélodie :

- Comme on l'a vu, le contour d'une mélodie est important : l'interaction des points hauts et des points bas, des sections marquées vite ou lent, et d'un point haut singulier de la chanson qui est souvent la note la plus aiguë.

- Soyez prudent, n'utilisez pas trop de répétitions rythmiques ou mélodiques, particulièrement d'une section à l'autre (comme du couplet au refrain). Ce sont ces répétitions qui rendent une mélodie prévisible, surtout lorsque chacune des 4 mesures (plus ou moins) débute sur la même note ou emploie le même rythme.

- Les phrases sonnent finales si elles se terminent sur la Fondamentale de la tonalité (degré I), surtout si la terminaison fait partie de l'accord I (Accord Majeur sur le degré I). C'est ce qui s'appelle une Cadence Conclusive et se retrouve souvent à la fin d'une chanson pour lui donner une finalité. Cependant, pour donner à la mélodie un sens de mouvement progressif, évitez de terminer sur ce degré de la mélodie—de même pour l'harmonie.

- C'est une bonne idée en général de changer la direction d'une mélodie après 3–5 notes dans la même direction.

- Une mélodie doit refléter l'intention et l'ambiance des paroles et vice versa.

## EXERCICES

Analysez des mélodies que vous aimez pour en découvrir : l'emploi de mouvements échelonnés ; les sauts ; les notes des accords ; les notes de passage ; leurs relations aux paroles ; les changements dans le rythme, la tessiture, les contours et les répétitions d'une section à l'autre d'une chanson.

Choisissez un enchaînement d'accords, puis écrivez une mélodie qui s'arrime aux accords. Attention aux notes en commun entre les accords, la manière dont les notes changent (marche des voix) d'un accord à l'autre et assurez-vous que les notes accentuées de la mélodie se trouvent dans les accords eux-mêmes.

Prenez le même enchaînement d'accords et voyez les effets de varier la note qui débute la mélodie.

**Paroles**
Un texte de chanson n'est pas de la poésie.

La mise en musique de la poésie comme l'on fait entre autres, Debussy, Chausson et Fauré est considérée *Art Song* par les musicologues. Cependant, ces chansons, en vertu du fait qu'elles sont mises en musique sur de la poésie et non sur un texte de chanson, tombent en dehors du champ général de ce qu'on appelle la Chanson.

Quelques différences importantes :
**Poésie** : peut être étendue et complexe et n'a aucune contrainte d'exécution. C'est un texte autonome, conçu pour être lu silencieusement ou à haute-voix.

**Paroles** : ne constituent que la moitié de l'oeuvre à laquelle elles appartiennent. Elles se doivent : d'intéresser le compositeur, d'intéresser le chanteur, d'intéresser le public en temps réel. Le sens doit être clair et elles doivent être conçues pour être chantées ; mais à l'intérieur des contraintes de la musique.

Les auditeurs s'identifient avec le chanteur et les paroles doivent être crédibles (telles que livrées par le chanteur), intéressantes, compréhensibles, et doivent nous toucher au plan humain. Il existe plusieurs façons d'y arriver, mais avant qu'un texte puisse communiquer son sens à d'autres, l'auteur doit en avoir une vision claire et précise.

Une erreur que l'on retrouve souvent chez les auteurs en herbe, est de créer des paroles qui sont ouvertes à plusieurs interprétations. Malheureusement, c'est un indice qui révèle que l'auteur manque de minutie ou qu'à tout le moins, il y a une certaine incertitude quant à son intention. La clé, c'est la clarté. On doit y oeuvrer jusqu'à sa maîtrise.

Citation de Joni Mitchell :

« *Vous pouvez écrire une chanson au sujet de quelconque problème émotif que vous vivez, mais ce ne serait pas une bonne chanson, à mes yeux, avant qu'elle passe d'une période de sensibilité à un moment de clarté. Sans la contribution de ce moment de clarté dans la chanson, ce n'est que se plaindre.* »

Pour y arriver, posez-vous des questions au sujet de l'histoire, la situation :

- Quelle est l'histoire, la situation, le message véritable ?
- Qui devrait-être le raconteur ? De quel point de vue ? — 1ère Personne ?
  2e Personne ? 3e Personne ?
- Où est la tension ? Quel est le conflit ? Qu'est-ce qui la rend intéressante ?
- Quels sont les personnages ? Le lieu ? Le temps ?

Autres questions :

- Le titre reflète-t-il l'histoire ? Est-ce que j'entends le titre dans la chanson ?
- Quel est mon auditeur ? Qui est le chanteur ?
- Le texte reflètent-il l'ambiance de la musique ?

Les auditeurs cherchent toujours à découvrir des séquences dans la musique, afin de comprendre ce qu'ils entendent. Dans cet ordre d'idée, la mesure joue un rôle important parce que notre oreille s'accorde naturellement aux séquences rythmées. Lorsqu'il s'agit de paroles, notre oreille est particulièrement attentive à ce qui se chante dans de diverses « Positions de Pouvoir » :

- la Première phrase de la chanson
- la Première (et habituellement la troisième) phrase de chaque section
- la Dernière phrase de chaque section
- le Pont musical.

Il y a donc des endroits stratégiques où placer vos plus intéressantes et puissantes paroles.

On doit comprendre la structure de la Chanson afin d'écrire des paroles pertinentes.
De toute importance :
Couplets :      Racontez l'histoire, révélez les personnages, allez de l'avant avec l'information.
Refrains :      Annoncent le message et ils sont répétés. Le refrain devrait être la partie la
                plus mémorable de la chanson.
Pont musical :  Présente un aspect nouveau ou non divulgué de l'histoire ou du message.

En termes de Développement de l'histoire, le piège le plus courant à éviter est de raconter la même chose dans tous les couplets. Les paroles doivent allez de l'avant. Ne manquez pas d'examiner vos paroles pour vous assurer qu'il n'y a pas de recyclage de l'information du premier couplet dans les autres couplets. L'histoire évolue-t-elle dans chaque couplet ? Apprenons-nous quelque chose au sujet des personnages ? Les couplets donnent-ils une saveur fraîche et intéressante à chaque apparition du refrain ?
Est-ce prévisible, rempli de clichés ?

### Métaphore
Pour éviter l'emploi de clichés et pour créer des images intenses et un langage intéressant, explorez l'usage de Métaphores. Les Métaphores donnent un éclat au langage. Ce sont des alternatives aux clichés que nous connaissons tous et auxquels on s'attend : briser mon cœur, cœur et âme, âme sœur.

Pour créer des Métaphores, jumelez deux mots qui habituellement ne sont pas compatibles et voyez le genre de conflit qui en résulte. Les Métaphores peuvent prendre une de trois formes :
« a est b »    L'Amour est un Chien
« un b de a » Un Chien d'Amour
« b de a »    Le chien de l'Amour
« Elle croit que l'amour devrait la servir. L'amour est un Chien »
« Il est tellement loyal à sa femme qui le trompe. Il est un Chien d'amour »
« Le Chien de l'amour aboie une mise en garde au cynique et au mécontent »

Les métaphores peuvent aussi être le résultat d'une collision entre adjectifs et noms :
« Nuages nerveux », « Pensées pétillantes », « Objections plastiques », ou ;

Un verbe en conflit avec son sujet : « Il fit sauter son portefeuille », « Les mauvaises herbes discréditent le gazon », « Ses yeux se décolorent ».

Quand vous serez inspiré à écrire une chanson, préparez une feuille de travail où vous pourrez y inscrire toutes vos idées. Par exemple, si une Chaise est votre sujet principal, vous pourriez considérer « Chaise » comme la « Tonalité Centrale des Paroles » et commencez à trouver des mots dans la « Tonalité de Chaise ».

Quels sont des mots typiques qu'on retrouve dans cette tonalité ?
Consultez un Thésaurus.

Synonymes (sens varié) :      canapé, chauffeuse, fauteuil, relax, siège, tabouret,banc, sofa

Antonymes/apparentés :      table, bureau, pupitre

Choisissez-en quelques-uns qui mènent la chanson dans la direction voulue. Disons que la chanson exige qu'on utilise Chaise comme métaphore—on la fabrique, on s'en sert, elle tombe en morceau. À l'aide d'un dictionnaire de rimes, trouvez des rimes intéressantes (attention aux clichés). Il n'est pas nécessaire que toutes les rimes soient « riches »— elles peuvent être « suffisantes » aussi.

Throne                        zone, prône, drone, Rhône, icône, jaune, faune,
                              clone, cyclone

Siège                         piège, liège, arpège, manège, collège, allège, neige,
                              sacrilège, privilège

Si vous continuez dans cette direction pour vos images, concepts ou mots clés, vous découvrirez une liste de nouvelles possibilités. Essayez maintenant de les faire enter en collision avec des partenaires improbables pour créer des Métaphores.

**Simili**
Simili est un cousin de Métaphore, mais emploi le mot « comme » : « L'amour est comme un Chien ».
Simili est particulièrement efficace lorsque vous voulez établir une liste de choses, parce que l'accent demeure toujours sur le sujet. Par exemple :
L'amour est comme un Chien :  nous parlons toujours de l'amour
L'amour est un Chien :        notre attention cette fois-ci est dirigé vers le Chien et
                              nous voulons en savoir d'avantage.

# EXERCICES

1. Texte relatif à un objet : Choisissez un objet. Durant 10 minutes, écrivez tout ce qui vous vient à l'idée au sujet de cet objet. N'arrêtez pas pour vous censurer. Utilisez le langage le plus descriptif possible. Habituez-vous à vous creuser les méninges pour trouver des métaphores et des images colorées. Lorsque les 10 minutes seront écoulées, arrêtez; même au milieu d'une phrase. En faisant cela tous les jours, vous développerez de méchantes habitudes d'écriture, et vos textes prendront vie (pour un suivi sur cette technique, cherchez sur Google le gourou de la chanson Pat Pattison).

2. Inscrivez 5 mots choisis au hasard dans une colonne et 5 mots choisis au hasard dans une autre colonne. Mélangez et jumelez-les. Voyez comment vous pouvez les intercaler dans une phrase et même dans un texte de chanson.

## Forme

La forme, ou la manière dont une chanson est structurée, aura une influence sur l'habilité de l'auditeur à comprendre la chanson et à s'y identifier. La forme est aussi importante pour le succès de la présentation de vos idées musicales.

Quelques termes courants :

| | |
|---|---|
| Introduction | La section avant que la mélodie ne débute. Comprend souvent un «motif accrocheur» |
| Motif accrocheur | Une idée musicale qui attire l'attention et est habituellement répétée. |
| Couplet | Le texte dans chaque couplet varie pour raconter et avancer l'histoire |
| Pré-refrain | Courte section après le couplet, pour préparer le refrain. |
| Refrain | La section la plus mémorable et plus souvent répétée. |
| Pont | Section contrastante souvent située au 2/3 de la chanson. |
| Solo | Section instrumentale où l'accent se place sur un instrument. |
| Coda abrégé *(Tag)* | Section répétée à la fin d'une chanson. |
| Conclusion | Ressemble au Coda abrégé, mais peut être un élément musical nouveau ou une répétition de l'introduction. |

Chaque section devrait être sensiblement différente l'une de l'autre textuellement et musicalement. L'assemblage de la structure dépendra de plusieurs facteurs : longueur, paroles et votre propre créativité.

## EXERCICES

Analyser les formes de plusieurs chansons de styles différents.

Si une chanson que vous écrivez ne fonctionne pas, analysez les causes :
>La mélodie du couplet est-elle plus intense que celle du refrain ?
>Une section serait-elle trop longue ?
>Une section serait-elle trop courte ?
>La mélodie du refrain répète-t-elle la plupart des notes du couplet ?
>Est-ce que la mélodie du refrain se trouve dans un régistre plus grave (baisse d'énergie) ?
>Le rythme du refrain est-il différent de celui du couplet ?
>Les accords, mélodie et paroles sont-ils prévisibles ?
>Le point culminant de la chanson se trouve-t-il dans le pont musical ?
>Y-a-t-il un point culminant ?
>Le pont musical ajoute-il une musique ou un texte nouveau ?
>Peut-on différencier chaque section aisément ?
>Les sections s'enchaînent-elles bien au point de vue rythmique, harmonique et mélodique ?
>Est-ce que le texte déforme la langue ? Est-ce qu'il respecte les accents toniques et la durée des syllabes telles en conversation ? Sinon, il sera difficile a comprendre, à chanter et à interpréter.

Le guitariste Tommy Tedesco est une légende des années 70, 80 et 90 de la scène musicale à Los Angeles. À ce moment, il y avait encore beaucoup d'enregistrements de disques et de films avec orchestre, en direct, et on s'attendait au niveau le plus élevé de l'habileté de lire et jouer la musique. Tommy était le roi de la colline, ayant joué avec plusieurs artistes célèbres que je ne pourrais nommer ici. Il était renommé pour sa capacité de maîtriser tout ce qui lui était présenté. Tommy était aussi très généreux pour venir en aide à d'autres guitaristes et il a d'ailleurs écrit un livre intitulé: « For Guitar Players Only», qui m'a inspiré pendant des décennies et qui m'a, en grande partie, inspiré à écrire ce livre. Il est rempli de conseils importants sur comment lire la musique, la technique, et sur les façons d'approcher une session d'enregistrement et autres situations pouvant présenter un défi. Dans « For Guitar Players Only», Tommy Tedesco partage des trucs pour que le guitariste puisse doubler (jouer plus qu'un instrument lors d'une session), offrant ainsi des moyens alternatifs d'accorder la mandoline, le bouzouki, le banjo et plusieurs autres. C'est grâce à Tommy que j'ai effrontément accepté mon premier concert au banjo.

Échange entre le gérant du personnel de l'Orchestre Symphonique et moi:

« Ce concert comprend de la guitare jazz, de la guitare acoustique et du banjo.
Tu joues du banjo, n'est- ce pas?»

« Bien sûr, j'en joue.»

«Super!»

Et n'ayant jamais tenu dans mes mains un banjo de ma vie, j'en ai acheté un et je l'ai accordé selon « Todesco»(DGBE). Ce fût payant plusieurs fois par la suite !

Merci Tommy!

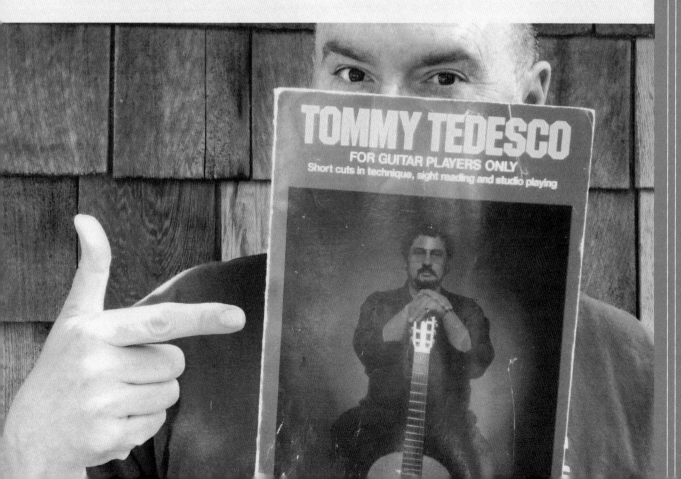

# IMPROVISATION

Il n'y a pas de différence entre l'écriture de mélodies et l'improvisation, sauf que l'improvisation se déroule en temps réel. Les principes de motifs, phrases, répétition et variation, contour, mouvement conjoint vs sauts, notes des accords et notes sans accords, etc., sont identiques.

Le meilleur endroit pour débuter est peut-être le Blues, à la racine de tellement de musique d'aujourd'hui. La forme standard du Blues est de 12 mesures en longueur et ne comporte que 3 accords, tous des 7e, construits sur les degrés suivants de la gamme : 1, 4, 5. Par exemple :

| | |
|---|---|
| En C : | C7, F7, G7 |
| En Ab : | Ab7, Db7, eb7 |
| En e : | e7, A7, B7 |

À sa base la plus rudimentaire, le *Blues* de 12 mesures suit l'enchaînement d'accords suivants, démontré ici dans la tonalité de A.

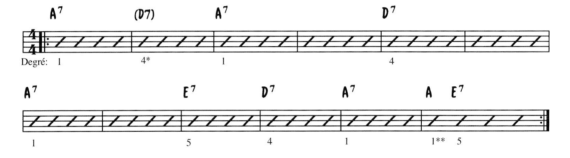

**Notes :**
* Cet accord du 4e degré est facultatif—certaines chansons l'emploient, d'autres pas.
** L'accord du 1e degré se joue sur le 1e temps, mais celui du 5e degré se joue sur les trois derniers temps.

La gamme *Blues* peut être employée pour l'improvisation sur un enchaînement d'accords *Blues* et fonctionne généralement bien sur chacun des trois accords. En révision — la gamme *Blues* ressemble beaucoup à la gamme Pentatonique mineure, avec l'addition d'une note (une Quarte Augmentée). La voici en A :

Expérimentez maintenant avec cette gamme, et dans toutes les tonalités.

En ce qui a trait à l'improvisation, la majorité des autres formes musicales requiert une approche basée sur l'accord. Pour ce faire, nous retournons à nos arpèges comme moyen de se familiariser avec les notes de base de chaque accord. Une fois que vous aurez joué les 3 notes de tous les arpèges associés à un enchaînement d'accords, essayez un arpège basé sur un accord de 4 notes, incluant la 7e. Par exemple :

Arpèges de 3 notes

Puis essayez avec une meilleure marche des voix :

Une fois familiarisé, essayez d'ajouter des notes de passage, et des sauts.
(Cette approche est aussi saillante pour le développement de la ligne de basse ambulante
*(Walking Bass line)*. Par exemple :

## EXERCICES

Improvisez et créez des lignes de basse sur les enchaînements d'accords suivants :

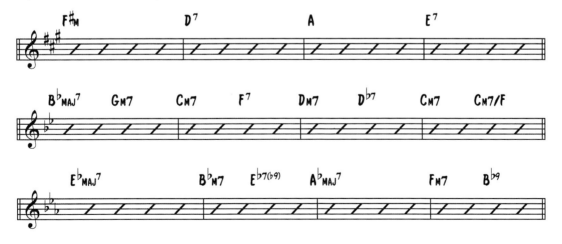

Et maintenant, transposez-les dans différentes tonalités et jouez-les de nouveau.
Créez vos propres enchaînements d'accords.

Une autre approche à l'improvisation est de créer un motif et ensuite l'explorer et l'extrapoler.
Voici une bonne façon de développer et travailler ces motifs: prenez un motif et répétez-le sur
chaque accord de l'enchaînement, en modifiant les notes pour s'agencer aux accords.

Par exemple, prenez un motif qui comprends les 1, 2, 3, 5, et 7e degrés et répétez- le sur tous
les accords de la pièce jazz bien connue « Les feuilles mortes » (Autumn Leaves), en modifiant
les notes au besoin pour s'agencer aux accords.

Une fois sous les doigts, c'est le temps de modifier ce même motif avec une meilleure marche
des voix pour que la suite des notes soit plus lisse, avec moins de sauts et aussi moins
prévisible.

Après avoir pratiqué cette approche pour un bout de temps, votre maîtrise de l'instrument
sera améliorée, et vous serrez en mesure de traverser des enchaînements d'accords plus
aisément. À partir d'ici, c'est à vous de développer vos propres motifs et d'aller de l'avant !

### Création de motifs accrocheurs

Souvent, un musicien est appelé à improviser un accompagnement ou à créer un motif
accrocheur qui s'intègre à un enchaînement d'accords établi. Que ce soit pour un clavier ou
une guitare, ou un motif de basse qui soutient les accords, la clé, c'est de trouver les notes
qui s'intègrent à l'enchaînement et de créer un accompagnement qui prise la répétition.

Examinons l'enchaînement d'accords qui suit :

On peut voir que tous les accords ont 2 notes en commun (A et C). De plus, les 3 premiers accords ont le e en commun, et D et G, quoiqu'ils ne fassent pas partie de tous les accords comme tel, ils pourraient servir comme notes de passages ou notes voisines, étant donné qu'ils existent dans la structure harmonique de cet enchaînement d'accords. Maintenant, façonnons un accompagnement qui met l'accent sur A et C, et qui comprend les autres notes pour compléter le motif :

Cet accompagnement fonctionne bien, mais selon le style, il serait peut-être souhaitable de mieux agencer la mesure D9 à l'harmonie de l'accord. Un petit ajustement à la mesure D9 nous permet d'accommoder l'harmonie en conservant la nature du motif accrocheur (le G est devenu F #) :

Ce motif accrocheur est idéal pour guitare, clavier, saxophone etc. Mais il pourrait aussi servir à la basse.

Cependant, dans certains cas, il serait souhaitable que la basse souligne plus clairement l'harmonie, en jouant les notes fondamentales des accords. Avec quelques modifications, la basse peut conserver l'idée du motif accrocheur et délinéer les notes fondamentales. Voici ce que cela donne :

Parfois, l'objectif est de créer un accompagnement qui conserve une idée à travers un passage, mais qui accentue les changements harmoniques au moment voulu. L'exemple qui suit répète les notes qui concordent aux 3 premiers accords, met l'accent sur les notes qui évoluent et aussi, conclu l'idée musicale dans la dernière mesure :

Voici un motif accrocheur qui se répète verbatim 3 fois (sur une variation d'accords), et conclu dans la 4e mesure :

# ANNEXE POUR LES GUITARISTES

Vous connaissez sans doute cette vieille blague :
Q : Comment faire taire un guitariste qui joue trop fort ?
R : Placez une partition de musique devant lui!

Il semble que les guitaristes soient laissés pour compte et exclus des méthodes traditionnelles d'enseignement. Je ne sais pas s'il y a une raison sociale derrière ce phénomène ou si c'est à cause du fait que la guitare soit étalée, de façon presque diabolique, à rendre plus difficile l'apprentissage de concepts. Je crois, guitariste moi-même, qu'il y a des deux… Quoiqu'il en soit, mon message aux guitaristes est le suivant : soyez patients et persévérez. Conservez votre TAB s'il le faut, en espérant qu'en regardant la musique sous un angle plus vaste, vous pourrez vous en départir.

Et en parlant de TAB… La plupart des guitaristes gravitent autour de la littérature TAB à cause de son approche graphique. Quoique ce système soit utile à aider les guitaristes au placement de leurs doigts, ce système n'a aucun moyen de joindre aux notes l'élément rythmique crucial. De plus, il empêche habituellement le guitariste de développer une compréhension des mécanismes de la musique. C'est pour cette raison que je conseille fortement de prendre le temps d'apprendre le système traditionnel de la tablature musicale. Les résultats sont énormes en termes de développement de vos connaissances, de communication avec d'autres musiciens et ultimement, d'ouverture aux façons de jouer.

Quelques idées pour vous aider :

**Apprenez les notes**
Apprenez le nom des notes sur la guitare et où elles se trouvent sur la portée.
Fini l'identification des notes par numéro de frette et numéro de corde. Les cordes ont des noms, ainsi que toutes les notes sur la touche (fretboard) (voir *"Trouver des notes sur la guitare et la basse", p.14*).

**Jouer en position**
Pour les bois et les cuivres, il y a un nombre limité de doigtés pour chaque note, ce qui facilite la lecture de musique par rapport aux instruments à cordes.

Pour les instruments à cordes et pour les pianistes / claviéristes, le concept de jouer en position est très important. Nous pouvons résumer cela ainsi : Demeurez en Position jusqu'au moment où vous êtes obligés d'aller à une autre Position.

Cela veut dire, pour les Guitaristes et Bassistes, de jouer dans l'endroit de l'instrument où vos doigts ont l'accès le plus facile aux notes qu'il vous faut jouer. L'objectif est de retenir un point de référence afin que vos doigts puissent trouver les notes (et ne pas vous perdre) et de les jouer avec toute l'aisance possible.

Par exemple, pour jouer une gamme Majeure de G (2 octaves) à la guitare, commencez sur la 3e frette sur la corde e grave. Si vous débutez avec votre 2e doigt sur la tonique, toutes les autres notes de la gamme pourront être jouées par vos autres doigts, sans jamais déplacer la position de votre main. Cela s'appelle jouer en Position. Il vous faudra peut-être de temps à autre étirer votre doigt jusqu'à la frette suivante ou précédente, mais vous pourrez toujours demeurer dans cette position jusqu'au moment où la musique nécessitera un changement. Lorsque ce changement deviendra nécessaire, choisissez à nouveau une position qui vous permettra d'accéder le plus aisément possible aux notes dont vous avez besoin, sans bouger la position de votre main.

Une approche semblable s'applique aussi aux pianistes / claviéristes. On pratique des gammes pour renforcer le positionnement des mains. Soyez conscient de la position générale des mains requise par les notes / tonalité du morceau et demeurez-y jusqu'au moment où la musique nécessite un changement.

## Apprenez les gammes dans toutes les tonalités

Apprenez les gammes de manière à pouvoir les jouer dans toutes les tonalités (pas seulement les « tonalités de la guitare » — la plupart des cuivres préfèrent les tonalités en bémols)

Pour commencer, apprenez vos gammes Majeures dans les deux positions suivantes, ainsi que leurs arpèges respectifs :

### 1. Fondamentale sur la corde grave e

| Degré | Doigt | Corde |
|-------|-------|-------|
| 7 | 1 | E grave |
| * 1 | 2 | E grave |
| 2 | 4 | E grave |
| * 3 | 1 | A |
| 4 | 2 | A |
| * 5 | 4 | A |
| 6 | 1 | D |
| 7 | 3 | D |
| * 8 = 1 | 4 | D (2ième Octave) |
| 2 | 1 | G |
| * 3 | 3 | G |
| 4 | 4 | G |
| * 5 | 2 | B |
| 6 | 4 | B |
| 7 | 1 | E aiguë |
| * 8 | 2 | E aiguë |
| 9 | 4 | E aiguë |

* indique les notes à jouer dans l'arpège Majeur.

2. Fondamentale sur la corde A

| Degré | Doigt | Corde |
|---|---|---|
| *3 | 1 | E grave |
| 4 | 2 | E grave |
| *5 | 4 | E grave |
| 6 | 1 | A |
| 7 | 3 | A |
| *1 | 4 | A (2ième Octave) |
| 2 | 1 | D |
| *3 | 3 | D |
| 4 | 4 | D |
| *5 | 1 | G |
| 6 | 3 | G |
| 7 | 1 | B |
| *1 | 2 | B (3ième Octave) |
| 2 | 4 | B |
| *3 | 1 | E aiguë |
| 4 | 2 | E aiguë |
| *5 | 4 | E aiguë |

* indique les notes à jouer dans l'arpège Majeur.

Une fois ces exercices maîtrisés, apprenez les gammes Majeures dans d'autres positions, puis apprenez aussi d'autres gammes (mineures, Pentatoniques, Blues, etc.) et leurs arpèges respectifs.

**Accords de Guitare: Première étape**
La guitare est un instrument d'accords. Apprenez-les!

Je recommande cette approche:

Apprenez tous vos Accords à vides, aussi nommés Accords «Feu de camp» et Accords *Cowboy*. Vous savez, ceux placés à la plus basse résonance du manche, avec les cordes à vide.

L'essentiel :

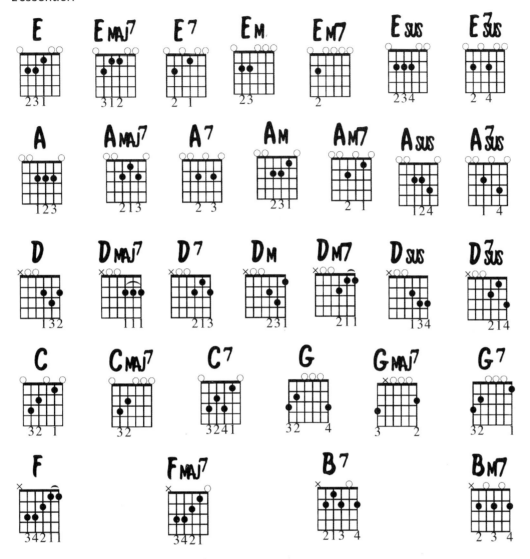

**Accords de Guitare : Deuxième étape (Accords Barrés)**
Prenez l'accord à vide « e »

Trouvez un nouveau doigté afin de libérer votre premier doigt.

Maintenant, sans lever les doigts, glissez les 3 notes sur la frette suivante.

Placez votre premier doigt à travers la première frette, et assurez vous que les notes que les autres doigts ne jouent pas, résonnent clairement (cela prendra un certain temps avant de pouvoir développer une force adéquate). C'est ce qu'on appelle un accord Barré parce que votre premier doigt « barre » la première frette.

Vous avez essentiellement transporté d'une frette l'accord à vide e, vous jouez maintenant l'accord F.

Comme résultat, vous pouvez maintenant jouer un accord Majeur dans n'importe quelle tonalité ! Montez d'une frette et vous jouez F # / Gb. Montez d'une autre frette et vous êtes sur G. Continuez et trouvez tous les accords Majeurs dans cette position.

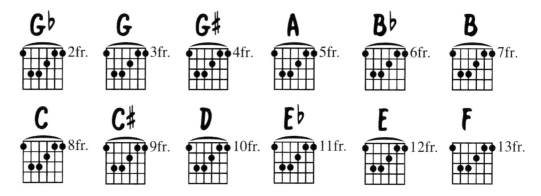

Notez bien qu'une fois rendu à la 12e frette, vous êtes arrivé à l'accord original (e), mais une octave plus haute.

Et maintenant…

Suivez la même procédure pour les autres formes de l'accord e : em, e7, em7.

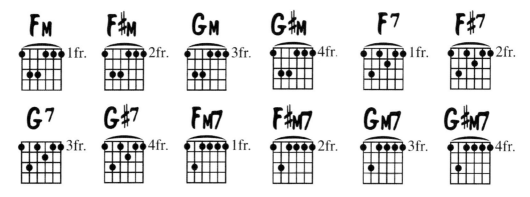

Essayez de jouer les accords suivants avec seulement des « accords barrés de la forme-e ».

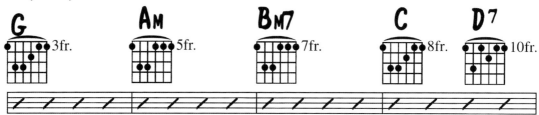

Et maintenant…

Prenez l'accord *Cowboy* A

Trouvez un nouveau doigté afin de libérer votre premier doigt

Note : Vous devriez apprendre plus tard à jouer cet accord en employant seulement votre premier doigt sur la barre, et votre troisième doigt pour jouer les trois notes. Attention de ne pas laisser résonner la corde e aiguë car cette note n'est pas dans l'accord.

Maintenant, sans lever vos doigts, glissez les 3 notes sur la frette suivante.

Placez votre premier doigt à travers la première frette, et assurez-vous que les notes que les autres doigts ne jouent pas, résonnent clairement.

Vous avez essentiellement transporté l'accord à vide A sur une frette plus haute, et vous jouez maintenant l'accord Bb.

Montez d'une frette et vous jouez maintenant B. Montez d'une autre frette et vous êtes sur C. Continuez et trouvez tous les accords Majeurs dans cette position.

Remarquez qu'une fois rendu à la 12e frette, vous êtes arrivé à l'accord original (A), mais une octave plus haute.

Et maintenant…

Suivez la même procédure pour les autres formes de l'accord A : Am, A7, Am7.

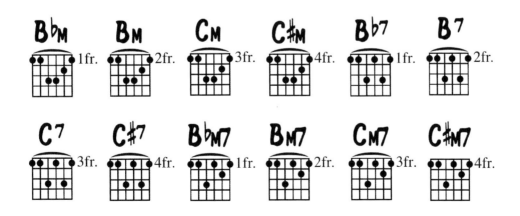

Essayez de jouer les accords suivants avec seulement des « accords barrés de la forme-A ».

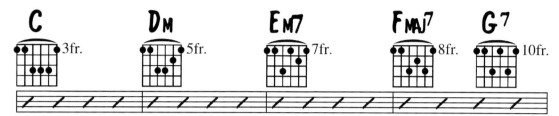

Essayez maintenant de jouer les accords suivants avec des accords barrés de la forme-e et de la forme-A.

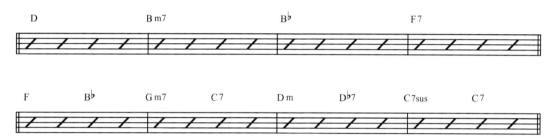

Et finalement—essayez de créer vos propres enchaînements d'accords, et transposez-les à de nouvelles tonalités. Utilisez les deux formes des accords barrés, forme-e et forme-A.

**Accords de Guitare : Troisième étape (Avancée)**
Jouez l'accord barré « forme-e » de G avec la fondamentale sur la 3ᵉ frette. Maintenant, nous abandonnons l'accord barré.

Enlevez la barre, et jouez seulement 4 notes.

- 1ᵉ doigt sur la fondamentale (G grave, 3ᵉ frette, corde grave e) :
- 4ᵉ doigt sur la fondamentale et une octave plus haute (G, 5ᵉ frette, Corde D) :
- 3ᵉ doigt sur la tierce (B, 4ᵉ frette, Corde G) :
- 2ᵉ doigt sur la quinte (D, 3ᵉ frette, corde B).

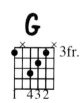

Essayez maintenant de déplacer les notes jouées sur chacune des 4 cordes, une à la fois, et identifiez chacune des nouvelles notes. Cette procédure nécessitera un nouveau doigté pour plusieurs des accords, mais avec un peu de persévérance, cela ne sera pas un gros problème.

Par exemple, si nous commençons avec la corde e grave :
Étirez votre premier doigt sur une frette plus basse, et nous avons G / F #
(Changez le doigté pour l'accord et) jouez G # sur la corde e. Nous avons G / G #
Une frette plus haute, et nous avons G / A
Une autre frette plus haute, et nous avons G / Bb

Faites la même chose sur la corde D
   Un ton plus bas = GMaj7
   Un autre ton plus bas = G7
   Un autre ton plus bas = G6
   Un autre ton plus bas = EbMaj7(#5) / G

Faites la même chose sur la corde G
   Un ton plus bas = Gm
   Un autre ton plus bas = G add 2
   Un ton plus haut = G sus

Faites la même chose sur la corde B :
   Un ton plus bas = G (b5)
   Un ton plus haut = G Aug
   Un autre ton plus haut = G6
   Un autre ton plus haut = G7
   Un autre ton plus haut = GMaj7

Et maintenant…
Changez plus d'une corde à la fois.

Jouez G7 #5 :
   Fondamentale sur la corde e
   7e sur la corde D
   Tierce sur la corde G
   Quinte # sur la corde B

Jouez Gm7 :
   Fondamentale sur la corde e
   7e sur la corde D
   Tierce mineure sur la corde G
   Quinte sur la corde B

Jouez G13 :
   Fondamentale sur la corde e
   7e sur la corde D
   Tierce sur la corde G
   Sixte (13) sur la corde B

Maintenant trouvez : Gm6, G6 / A ; G13(b9) ; G7 + (b9) ; Gmaj7(b5).

Et maintenant…
Ajoutez des notes à partir de la corde aiguë e, et de la corde A et voyez quels autres accords vous pouvez trouver. Par exemple :

Jouez G7 #5 ci-dessus, et ajoutez G # à partir de la corde aiguë e pour former G7 + (b9)

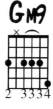

Jouez Gm7 ci-dessus, et ajoutez A à partir de la corde aiguë e pour former Gm9

Jouez G13 ci-dessus, et ajoutez A à partir de la corde aiguë e pour former un accord complet de G13 (habituellement les accords 13e contiennent la 9e).

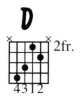

Maintenant enlevez votre premier doigt de la corde grave e, et jouez Db sur la corde A. Maintenant vous avez G13(b5) et Db7(#9#5).

**Note importante** : Il arrive souvent que les guitaristes (contrairement aux pianistes) n'auront pas accès à toutes les notes d'un accord donné. Il en revient donc au guitariste de trouver les meilleurs renversements possibles pour chaque occasion.

### Quelques principes de base :

1. Dans la plupart des cas, le bassiste jouera la fondamentale, donc inutile de s'en préoccuper.

2. Les notes les plus importantes sont habituellement la Tierce et la 7e étant donné que la Tierce définie le type d'accord et que la 7e lui donne beaucoup de caractère.

3. La Quinte peut être importante, dépendant du style, mais si l'accord comprend une Sixte ou une 7e, ces notes deviennent habituellement prioritaires.

Maintenant, prenez l'exemple ci-dessus déconstruisant l'accord barré de G, et transposez-le dans toutes les tonalités. Puis…

Prenez exactement la même approche que ci-dessus (avec l'accord de G déconstruit), mais cette fois-ci utilisez l'accord *Cowboy* de C. Montez-le de 2 frettes, à D, et changez le doigté pour en faire un accord de 4 notes. Déconstruisez-le en déplaçant les notes au hasard.

Finalement, explorez d'autres possibilités à partir de la corde aiguë e et de la corde grave e. Bonne chasse !

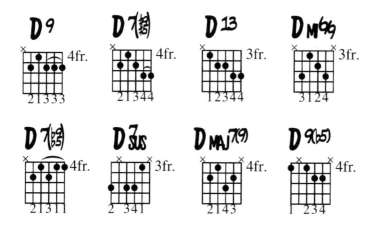

**Guitare et Basse—Exercices de changement de positions**

Commençons, pour cet exercice, dans la tonalité de G avec le 2e doigt qui joue la Fondamentale sur la corde grave e. Le principe de cet exercice est de pratiquer le changement de positions sur chaque corde, sautant à la position suivante au moment où normalement, on devrait poser le doigt sur le prochain degré de la gamme sur la corde suivante.

Par exemple :

Jouez les 1e et 2e degrés. On devrait normalement aller à la corde A pour jouer le 3e degré, mais changez plutôt de position pour que le premier doigt puisse jouer le 3e degré (B) sur la 7e frette de la corde grave e. La balance de la gamme se joue à partir de cette position (la note la plus aiguë sera le 5e degré sur la corde aiguë e). Assurez-vous de changer de position au même endroit pour la descente.

L'élève pratique ensuite un changement de position sur la corde A. Cette fois, les 1e, 2e, 3e, 4e, et 5e degrés peuvent être joués en première position, puis le changement s'effectue sur le 6e degré, lorsque le doigté exigera l'emploi du premier doigt sur la 7e frette.

La balance de la gamme est jouée dans cette position jusqu'au moment de retourner à la position initiale sur le 5e degré à la descente.

Cet exercice est répété sur chacune des cordes de l'instrument.

Note : Étant donné que la basse a moins de cordes, les bassistes seront peut-être appelés à changer de position trois fois ou plus sur chaque gamme.

# ANNEXE POUR LES BASSISTES

C'est au Bassiste que revient la responsabilité de fournir la fondation harmonique et rythmique de la musique. Pour ce faire, le bassiste doit posséder une ferme compréhension de l'harmonie fonctionnelle et un sens approfondi du temps.

Autrement dit, une bonne interprétation demande de la part du bassiste de jouer les « bonnes notes » aux « bons moments », afin d'appuyer et propulser la musique.

L'approche harmonique la plus simple serait de jouer une seule note de l'accord. Plus souvent qu'autrement, c'est la Fondamentale de l'accord. Voici quelques exemples où l'on joue la fondamentale de l'accord (C dans ce cas) selon des formules rythmiques bien connues.

On peut créer plus d'intérêt en ajoutant tout simplement l'octave.

En ajoutant la Quinte, on augmente la variété harmonique.

Tous les exemples ci-dessus ont un son « ouvert », sans définition claire du type d'accord. L'inclusion de la Tierce de l'accord (créant une Triade) indiquera plus clairement s'il s'agit d'un accord Majeur ou mineur.

En ajoutant le 6e degré de la gamme à la Triade, on élargie l'information harmonique.

L'harmonie d'une chanson peu se définir d'avantage en incluant la 7e de l'accord dans la ligne de basse.

C'est le sens rythmique qui est votre habilité la plus importante à maîtriser en tant que Bassiste.

Le son et la sensibilité (*feel*) de la musique que vous jouez seront faussés si les notes que vous jouez sont rythmiquement au mauvais endroit. Vous avez donc besoin d'une compréhension très claire de la manière dont le rythme est apparenté au temps. Il y a deux éléments de base entourant le temps solide : Temps (la pulsation de base) et sensibilité (comment le temps est subdivisé). Imaginez, par exemple, que le temps de base d'une chanson est de quatre noires par mesure. Vous pourriez créer des lignes de basse en employant des subdivisions de croches régulières, double-croches ou triolets.

Des variations illimitées de ces éléments musicaux de base peuvent être employées pour générer des lignes de basse pour tous les styles de musique moderne.

### Création de bonnes Lignes de Basse

La plupart (mais pas tous) des morceaux de musique contiennent plus d'un accord. C'est votre travail comme Bassiste de définir et lier harmonieusement chacun des accords d'une chanson. Plusieurs morceaux dans le canon de la musique moderne demandent une ligne de basse ambulante (Walking Bass Line— 3 ou 4 noires par mesure qui profilent la structure harmonique d'une chanson).

Directives générales :
1.  Placez les notes des accords sur le 1e et le 3e temps.
2.  Les notes des accords peuvent être liées par des notes de passage, soit diatoniques ou chromatiques.

a) Notes d'approche chromatique, ascendantes et descendantes pour Dm7 à G7.

b) Notes d'approche diatonique, ascendantes et descendantes pour Dm7 à G7 :

c) Quinte descendante ou Quarte ascendante pour Dm7 à G7.

### Technique

Lorsque vous jouez sur une basse électrique, vous devriez ajuster votre courroie de façon à ce que la basse demeure dans la même position, que vous soyez debout ou assis sur une chaise. Il vous sera ainsi possible de maintenir le bon positionnement de vos mains sur l'instrument.

### Technique pour la main droite

La technique la plus courante pour la main droite sur la basse électrique consiste à pincer la corde avec votre premier et deuxième doigt. En pinçant une corde plus aiguë, votre doigt viendra se poser sur la corde grave adjacente. Votre pouce devrait être ancré sur le micro (*pick up*) lorsque vous jouez sur la corde la plus grave et devrait se déplacer à la corde la plus grave lorsque vous jouez sur des cordes plus aiguës.

Une autre méthode populaire pour la main droite s'appelle *Slap* and *Pop*. Le pouce de la main droite frappe sur les deux cordes les plus graves et l'index tire les deux autres cordes de manière à ce qu'elles claquent contre les frettes. Cette technique est communément employée pour la musique *Funk*.

### Technique pour la main gauche

Le pouce de la main gauche devait être placé à plat en arrière du manche directement opposé au deuxième doigt. Lorsque vous parcourez le manche de bas en haut et de haut en bas, le pouce devrait suivre les doigts, en maintenant sa même configuration relative.

Les doigts de la main gauche devraient avoir une courbe naturelle lorsqu'ils pressent une corde et demeurer aussi proches que possible de la corde pour maintenir une économie de mouvement.

### Jouer en position

Il est très important de jouer en position, afin de pousser au maximum l'efficacité de votre jeu et ce, en changeant de position seulement lorsque c'est nécessaire ou désirable. *(Voir p.70 "Jouer en position")*.

### Développer un accompagnement

Quand vous créez un accompagnement, développez un lien solide avec le batteur, et travaillez comme une unité, surtout en ce qui a trait au rapport entre la grosse caisse (*kick*) et la basse. Dans la plupart des styles de musique populaire, les bassistes et batteurs développent des formules rythmiques pour la grosse caisse et la basse qu'ils jouent ensemble dans les diverses parties d'une chanson. Ceci crée une approche unifiée à la chanson, et sert à défier et solidifie les sonorités graves.

Le bassiste doit à tout moment considérer comment mieux contribuer à la musique qu'il / elle joue, et avoir une connaissance intime de la forme de cette musique. Par exemple, dans le jazz, il arrive souvent que le bassiste joue avec moins de mouvement rythmique pendant l'énoncé de la mélodie *(" head ")* que lors des solos. S'il y a plusieurs solos ou sections multiples, le rythme, le registre, et le volume sont tous des éléments que le bassiste peut varier, pour accroître ou diminuer l'intensité de la musique, y ajoutant ainsi du relief et des nuances.

Ce même concept convient aussi à la musique populaire, où le rôle du bassiste est plus important que jamais. Dans la plupart des chansons, le bassiste apporte moins de mouvement rythmique et d'intensité aux couplets qu'aux refrains. Les raisons sont a) le bassiste doit accroître l'intensité de la chanson, et créer des contrastes de nuances et ; b) le refrain est généralement plus important, et doit être souligné.

Un des rôles principaux du bassiste est de « pousser » la musique. En plus des techniques déjà mentionnées, un autre outil efficace est la variation de registre. En d'autres mots, comme « Reine des sonorités graves », la basse peut ajouter énormément de puissance en passant du registre moyen aux notes les plus graves de l'instrument. Souvent, le bassiste met en réserve ces notes graves jusqu'au moment palpitant d'une chanson pour y ajouter de l'énergie. En contraste, le bassiste peut utiliser le registre aigu pour alléger le son d'une chanson, une technique qu'on retrouve couramment lors de « *breakdowns* », partie dénudée d'une chanson, suivi souvent d'un refrain déchaîné.

Et finalement, on peut demander au bassiste de fournir un motif mélodique et rythmique pour la chanson si nécessaire. En plus des techniques ci-mentionnées *(Voir "Création de motifs accrocheurs", p.68)*, le bassiste doit analyser la mélodie (s'il y en a une), et développer le motif accrocheur de façon à ne pas gêner la partie vocale (éviter beaucoup de mouvement quand la partie vocale est en mouvement).

*Développé conjointement avec John Taylor : Directeur, Section du département de la Basse, MacEwan  University, Premier  Assistant Bassiste, Orchestre symphonique d'Edmonton, Prestations et / ou enregistrements avec plusieurs artistes Pop et de Jazz.*

# ANNEXE POUR LES BATTEURS

En musique moderne, le batteur détient un rôle important. Il est, en quelque sorte, le métronome et souvent l'étincelle créative qui active le groupe, ponctuant les nouvelles sections et contrôlant les nuances d'une chanson.

Voici quelques conseils pour les Batteurs :

### Les rudiments

Apprenez les rudiments de votre instrument, tels les moulins, les doubles moulins et les roulements à un mouvement. Parmi les rudiments les plus populaires, se trouvent le roulement à un mouvement, le roulement à mouvement double, le fla et les moulins. Ces rudiments devraient être répétés sur une base régulière. Plus vous les répétez, plus votre technique s'améliorera. L'objectif est d'intégrer votre bras, poignet et doigts afin qu'ils puissent travailler de concert lorsque vous êtes à la batterie. Si vous jouez de la musique rock rapide, vous aurez probablement besoin de plus de mouvements des bras que des doigts. Par contre, si vous jouez des rythmes jazz vous aurez alors besoin de plus de mouvements des doigts.

Voici quelques rudiments de base que vous devez maîtriser. Pratiquez-les lentement, avec métronome. Augmentez le tempo seulement quand le son est uniforme (c. à d. on ne peut différencier la main D de la main G), coulant et à la mesure :

Single Stroke Roll

R    L    R    L      R    L    R    L

Double Stroke Roll

R   R   L   L   R   R   L   L

Single Paradiddle

R    L    R    R      L    R    L    L

Double Paradiddle

R   L   R   L   R   R   L   R   L   R   L   L

Flam

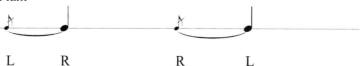

L    R          R          L

## Rythme

Développer un sens solide de la mesure est essentiel à l'apprentissage de la batterie. En spectacle et en studio, les batteurs sont souvent appelés à suivre une piste clic qui sert comme métronome, alors pratiquez avec un métronome, des boucles (*loops*) ou de la musique sur disque. Un moyen utile de bien garder la mesure est de subdiviser les temps en jouant. Par exemple, si vous jouez un groove rock en 4 / 4, comptez les croches à voix basse. En plus d'améliorer la précision, le style rythmique (*groove*) sera plus détendu.

## Arrangements pour batterie

Pour développer des arrangements pour la batterie, visez l'apport de la batterie à la chanson, et apprenez la forme de la chanson. Une fois que vous comprenez le rôle de la batterie dans le contexte musical, vous serez en mesure de créer des arrangements qui bonifient la chanson, contribuent aux nuances, à l'énergie et au relief, établissent une fondation rythmique solide et qui s'intègrent musicalement aux autres instruments.

Suivez les indices que donne la mélodie, l'instrument principal (y-a-t 'il un motif accrocheur de guitare ou une ligne de basse importante ?) et le texte (quelle est l'ambiance ?), et soyez conscient des phrases musicales qui identifient les parties de la chanson. Ces phrases musicales s'apparentent à une langue parlée, et souvent le rôle du batteur est de " faciliter la conversation ".

Sur une grande échelle, Sandro Dominelli décrit le tout comme suit : « Vous voulez construire une chanson de la même manière qu'on construit un bon récit : une introduction, le déroulement de l'histoire et la conclusion. En général, c'est toujours une bonne approche pour le batteur de jouer les couplets sur la cymbale ride, avec caisse claire ou sur le rebord (*side stick*), et d'amplifier l'interlude, le pont ou le pré-refrain en augmentant le son peu à peu, puis remplir les blancs (*fill*) jusqu'au refrain et passer à la cymbale de batterie. C'est une des approches classiques les plus populaires ».

Suggestions pour créer un arrangement de batterie qui se tient :

Soyez conscient aussi de la structure de la partition de la batterie et de son effet énergique et constructif sur la chanson. Pour votre considération :

• accentuez les sections sur une cymbale de batterie « crash »
• moins de mouvement (notes) dans les parties douces et plus dans les parties fortes.
• créez des nuances en jouant plus fort / plus doux.
• employez le rebord de la caisse claire *"cross stick"* pour créer de la variété, surtout dans les sections calmes.
• pour varier, jouez les motifs rythmiques de cymbale sur les tam-tams.
• choisissez délibérément la  cymbale ride et  la cymbale de batterie à  des endroits précis (habituellement cymbale ride pour les couplets et cymbale de batterie pour les refrains et solos).
• animez le 2e couplet un peu plus que le premier.
• complétez une section avec ponctuation (*finale*, ce qui conclut la section et prépare celle à venir ;
• considérez de gros changements pour le pont. (i.e. : choix de tambour / cymbales, tomber à demi temps, diminuer/augmenter la densité musicale, etc.).

Un collaborateur clé quand vous créez des arrangements est le bassiste. Développez un lien solide avec cette personne, et travaillez comme une unité. Dans la plupart des styles de musique populaire, les bassistes et batteurs développent des formules rythmiques pour la grosse caisse et la basse, qu'ils jouent ensemble dans les diverses parties d'une chanson. Ceci crée une approche unifiée à la chanson, et sert à définir et à solidifier les sonorités graves.

### Autonomie des membres

La meilleure façon de développer l'autonomie est de jouer les rythmes en se servant des quatre membres. Prenez comme exemple le rythme standard de Jazz sur la cymbale de batterie (1 2 & 3 4 &). Pour commencer, vous devriez répéter ce rythme avec la main droite sur la cymbale de batterie. Puis, répétez le même rythme avec la main gauche sur la caisse claire, ensuite avec le pied gauche sur la cymbale ride et finalement avec le pied droit sur la grosse caisse.

Partagez ensuite le rythme entre la main gauche, pied gauche et pied droit. Gardez le rythme de la cymbale de batterie dans la main droite afin que la main gauche et les pieds puissent introduire différents éléments du rythme. Par exemple, le pied droit pourrait jouer le premier temps alors que la main gauche pourrait accentuer la 2$^e$ croche de la mesure et le pied gauche le 2$^e$ et 4$^e$ temps. Continuez à distribuer le rythme en ayant différents membres pour jouer différents éléments.

Voici un autre exercice pour le développement de l'autonomie: jouez les noires sur la grosse caisse et essayer de jouer chaque 2$^e$ croche avec un autre membre (par exemple : avec le pied gauche). Soyez aussi précis que possible et augmentez la vitesse graduellement. Lorsque les quatre membres travailleront avec précision et uniformité, alternez chaque 2$^e$ croche entre les membres et entre les caisses et / ou cymbales.

Autres conseils pour batteurs :

« Prise ». Jouer avec une prise moderne des baguettes, a tendance à vous donner plus de force que la prise traditionnelle favorisée par les batteurs de Jazz, qui ont besoin d'une main gauche plus flexible (ce qu'une prise traditionnelle vous permet).

Les « vitesses » sont importantes, non seulement pour la qualité du son mais aussi pour les nuances dans une chanson (pour un batteur, les « vitesses » font référence à l'attaque sur l'instrument — plus les « vitesses » des batteurs sont uniformes, plus le son est cohérent). En ajout, une bonne production du son rehausse la sensibilité (*feel*) de la musique et du style rythmique (*groove*).

Les « fréquences » sont importantes pour un jeu bien accordé de la batterie. Pour un batteur, les fréquences font référence à la sonorité de l'instrument par rapport à la sonorité du groupe. Comparativement à une chaîne stéréophonique domestique où l'on ajuste les boutons de l'égaliseur jusqu'à ce que la qualité sonore soit bien équilibrée, le batteur peut accorder sa batterie et jouer les cymbales, combinant ainsi la vitesse et la fréquence pour bien s'intégrer à la sonorité générale du groupe. L'habileté « d'extraire le son » des différents tam-tams et cymbales est directement reliée à la manière dont on frappe l'instrument et laisse le son se propager (amalgame de « vitesses » et de fréquences).

*Développé conjointement avec Sandro Dominelli, artiste nominé aux prix Juno, musicien de studio, réalisateur et formateur.*

# ANNEXE POUR LES CHANTEURS

La voix est un instrument qui se trouve à l'intérieur du corps humain, alors il importe aux chanteurs, comme des athlètes, de bien se réchauffer afin de protéger et développer la voix.

**Étape No 1 : réchauffement corporel**
Les exercices suivants ont pour but de relaxer le corps et faciliter la respiration.

Massez légèrement la mâchoire (et le visage) avec les mains.

Penchez la tête sur un côté et massez l'épaule opposée.

Étirez les membres et pivotez la tête.

Levez les bras aussi haut que possible puis, d'une manière très détendue, laissez-les tomber rapidement (Le corps pourrait être entraîné quelque peu vers le plancher).

Étendez-vous sur le plancher, les yeux fermés, les jambes relevées et la plante des pieds sur le plancher. La respiration doit se faire de la même façon qu'une personne au sommeil. Il vous faut être conscient que c'est l'estomac qui doit bouger en premier lieu, suivi d'un mouvement légèrement moins prononcé de la poitrine. Les épaules ne doivent pas bouger.

Pour commencer, inspirez profondément, attendez 3 secondes, puis expirez lentement.

Réglez ensuite le métronome à 60 temps par minute, inspirez et expirez aussi longtemps que possible en suivant le rythme et en formant le son « ts ». Notez bien le temps nécessaire à la respiration pour s'éteindre complètement et essayez de l'accroître. Cet exercice peut être exécuté tout aussi bien en employant le son d'une voyelle ouverte (exemple : « ahh »).

Une autre manière de se rendre compte d'une bonne respiration : s'accroupir en gardant les genoux tout près de l'estomac et simplement noter la façon dont l'estomac s'étend en premier suivi de la cage thoracique (les épaules ne doivent toujours pas bouger).

**Étape No 2 : réchauffement vocal**
Ces exercices doivent être exécutés avec une bonne technique respiratoire. Ils ont été développés pour le réchauffement et le développement de la voix.

« Sirène » : Commencez avec le son «ouh » et grimpez le plus haut possible. Au sommet, changez pour le son « ahh » et descendez. Le son ne doit pas être trop fort ni « essoufflé ». Répétez, en augmentant de registre chaque fois. Vous pouvez passer de voix de poitrine à voix de tête librement.

« Soupirs » : Descendez aussi bas que possible sur le son « ahh ». Répétez en commençant sur une note plus haute à chaque fois.

Registre grave : Chantez « ouh-ahh » sur chaque note de la gamme Majeure, en commençant sur le 5e degré et descendez par degré jusqu'au 1e degré en terminant sur la voyelle « ahh », la mâchoire abaissée et détendue.

Registre aiguë : Claquez les lèvres (comme pour créer des bulles dans l'eau), allez d'une note grave à une note aiguë. Cet exercice vous aidera à identifier les endroits problématiques. Par exemple, le son s'arrêtera si, à un certain registre, la gorge se resserre ou s'il n'y a pas assez d'air pour le supporter.

Gammes et arpèges : Vous devriez exécuter des gammes et arpèges (ascendant et descendant). Vous pouvez les exécuter avec d'autres musiciens dans la classe.
Une augmentation de la vitesse devrait suivre l'augmentation de la précision. Servez-vous des sons suivants pour l'exécution des gammes et arpèges : Mah, Moh, Mai, Mi, Mou.

Formation auditive : Comme chanteur, vous avez un grand besoin de développer votre sens du diapason (*pitch*) et du rythme *(voir " Formation auditive", p.55, et " Pratiquez!" p.55)*.

**Autres points importants :**
Le corps, et surtout la mâchoire, devraient être détendus lorsque vous chantez ;

La circulation d'air doit être constante, comme un rayon laser qui ne se termine qu'à la fin d'une phrase.

Évitez de laisser tomber le son à la fin d'une phrase (souvent le résultat d'une pénurie d'air). Ceci peut rendre le texte difficile à comprendre et produit un son irrégulier.

Respirez au début et à la fin des phrases pour assurer la circulation d'air.

Essayez de toujours attaquer la note « dans son centre » (Glisser vers une note peut être un effet intéressant, mais ne devrait pas devenir la base de votre technique).

Apprenez à bien utiliser un microphone. Plus le micro est proche, plus les fréquences graves sont accentuées. Quand il y en a trop, ceci crée " l'effet de proximité ", qui peut être difficile à équilibrer (pour le sonorisateur) et qui peut masquer la voix. Faites l'apprentissage du micro en :

a) déterminant la distance idéale de votre bouche au micro pour un bon son généralisé
b) se rapprochant pour les passages doux et le registre grave, et;
c) s'éloignant pour les passages plus intenses dans le registre aigu. En spectacle, ne tenez pas le micro comme un cornet de crème glacée. Chantez directement dans la boule du micro, à une distance typique de 2 à 5 cm.

Chanter demande un effort physique, alors soyez gentil avec votre corps (imaginez-vous être un athlète). Une bonne alimentation, le repos et la relaxation auront un effet très positif. Aussi, assurez-vous de bien entendre votre voix quand vous chantez. Dans des situations ou le chanteur ne s'entend pas clairement, il a une tendance à chanter trop fort et à forcer la voix.

*Développé conjointement avec Marie-Josée Ouimet, Interprète, Auteur-Compositrice, Artiste et Éducatrice.*

# ANNEXE POUR LES CLAVIÉRISTES

Comme tout autre musicien, les claviéristes devraient connaître le nom des notes sur leur instrument. Comme aide-mémoire, les voici :

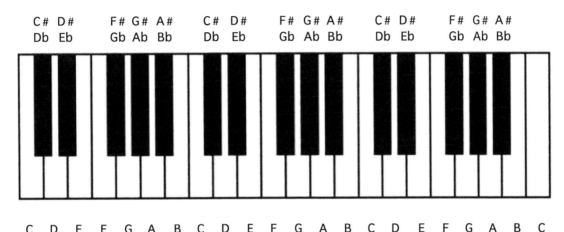

## Pour commencer
Assis au clavier, le C qu'on retrouve au milieu du piano devrait être identifié et sert généralement comme point central du corps.

Maintenez une bonne posture en tout temps et une bonne biomécanique. Surtout, assurez-vous que vos doigts soient courbés et non pliés.

## Les doigtés et les croisées
Pour bien jouer, on doit apprendre la bonne doigté et comment croiser les doigts.

Les doigts sont identifiés de 1 à 5, à partir des pouces jusqu'aux petits doigts

Pour commencer, prenons la gamme de C Majeur.

Avec le pouce de la main droite (MD) sur le C central, jouez la gamme avec le doigté qui suit. Notez que le pouce « croise en desssous » après que le 3e doigt a joué e en ascendant, et le 3e doigt « croise au-dessus » après que le pouce a joué F en descendant.

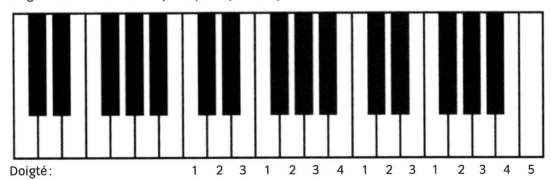

Maintenant, avec la main gauche (MG), jouez la gamme avec le doigté qui suit. Notez que le 3e doigt « croise au-dessus » après que le pouce ait joué G en ascendant, et le pouce « croise en desssous » après que le 3e doigt ait joué A en descendant.

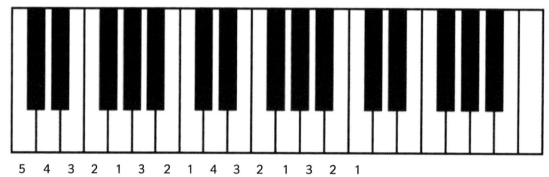

5  4  3  2  1  3  2  1  4  3  2  1  3  2  1

Maintenant, pratiquez la gamme avec les deux mains en même temps, ascendant et descendant.

Cette formule de doigté de base sert à presque toutes les gammes Majeures qui ont une touche blanche comme point de départ. Nous allons maintenant ajoutés des touches noires, avec comme exemple D Majeur à la MD :

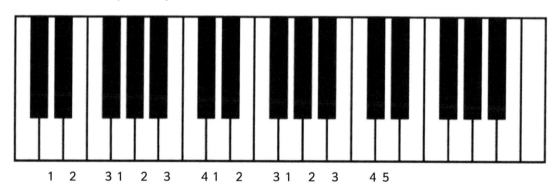

1  2   3 1  2  3   4 1  2   3 1  2  3   4 5

Et voici A Majeur à la MG :

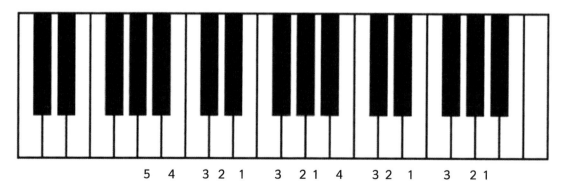

5  4   3 2  1   3  2 1  4   3 2  1   3  2 1

De toutes les gammes Majeures avec une touche blanche comme point de départ, les deux seules qui ne conforment pas à ce doigté de base sont la gamme de F Majeur à la MD (parce que la 4e note est une touche noire, ce qui fait la croisée en dessous presque impossible) et la gamme de B Majeur à la MG (parce que la 5e note est une touche noire, ce qui fait la croisée au-dessus presque impossible).

Pour la gamme de F Majeur à la MD, le doigté est :

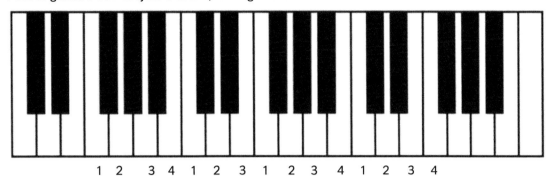

1  2    3  4  1  2    3  1  2  3    4  1  2  3    4

Et voici B Majeur à la MG :

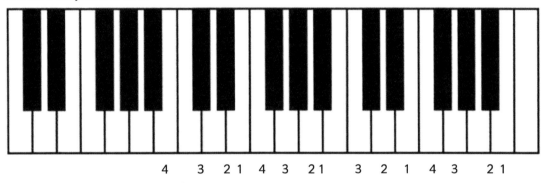

4      3    2 1  4    3    2 1    3    2    1    4    3      2 1

## La « Règle du pouce »

Au-delà des gammes Majeures qui ont une touche blanche comme point de départ,
la Règle du pouce entre en vigeur.

Le pouce est le moins long de tous les doigts, et pour garder la main en bonne position, il est
souhaitable de ne pas jouer les touches noires avec lui. Il est préférable de modifier le doigté
pour que le pouce joue plus aisément les touches blanches qui se trouvent dans la gamme.
Dans ces cas, il faudrait que les gammes commencent avec le 2e ou 3e doigt, et le pouce
jouera la première touche blanche qui se présente. Voila ce qui explique le doigté de F Majeur
et de B Majeur ci-dessus.

Voici la Règle du pouce en action :

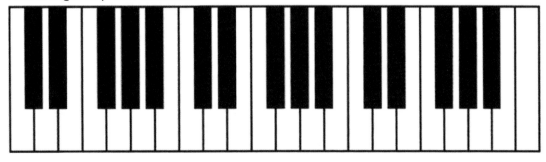

Exemple : Bb Majeur à la MD :

2/3      1    2 3      1    2    3 4      1    2 3      1    2    3 4

Exemple : Ab Majeur à la MG :

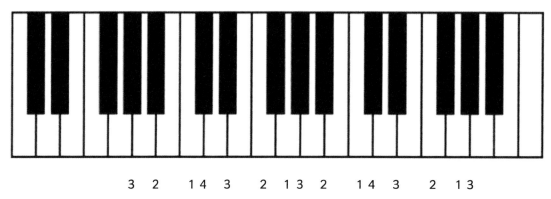

3   2    1 4  3    2  1 3  2    1 4  3    2  1 3

Exemple : Gb Majeur à la MD :

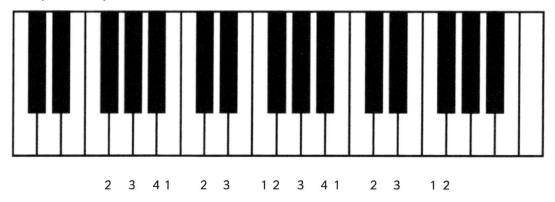

2   3   4 1    2   3    1 2   3   4 1    2   3    1 2

Cette Règle du pouce vous guidera dans vos choix de doigtés pour toute nature de gammes.

## EXERCICES

1. Pratiquez toutes les gammes Majeures qui ont comme point de départ une touche blanche, avec les deux mains. Prenez votre temps et visez à synchroniser les deux mains et à suivre une mesure exacte. Une fois que vous avez maîtrisé ceux-ci...

2. Pratiquez les gammes Majeures qui ont comme point de départ une touche noire, en suivant la Règle du pouce. Une fois que vous avez maîtrisé ceux-ci...

3. Pratiquez les gammes mineures, *Blues* et autres en suivant la Règle du pouce.

### Formation d'accords sur le clavier
Étant donné l'étendue linéaire du clavier, la formation d'accords est une procédure plutôt intuitive.

Il est préférable de commencer avec de simples triades construites sur la Fondamentale, c'est à dire, les 1e, 3e et 5e notes de n'importe quelle gamme. Ces accords peuvent être joués plaqués (toutes les notes jouées au même moment) ou arpégés (les notes jouées en séquence de bas en haut ou de haut en bas). Soyez conscients des numéros des notes que vous jouez (eg. 1 – 3 – 5 de F), et dans chaque cas vous pouvez utiliser le doigté 1 – 3 – 5 pour la main droite et 5 – 3 – 1 pour la main gauche. Expérimentez avec des Triades construites sur la Fondamentale à partir de n'importe quelle note.

Élargissez cette connaissance en utilisant les Triades construites sur la Fondamentale pour jouer de simples enchaînements d'accords (eg. modèle *Blues* 1 – 4 – 5 en C ou F ou G). Nommez l'accord joué à haute voix.

À mesure que vous prenez de l'expérience avec les Triades Majeures en position Fondamentale, commencez à explorer les renversements d'accords *(voir "Position fondamentale et Renversements", p.34)*. L'approche la plus simple est de transférer la fondamentale de l'accord au-dessus de la 3e note; le 1 devient le 8 (une octave plus haute). L'accord est maintenant 3 – 5 – 1 (premier renversement de l'accord), puis 5 – 1 – 3 (2e renversement de l'accord), puis 1 – 3 – 5 (triade construite sur la Fondamentale mais à une octave plus haute). Dans la plupart des cas, le doigté de la main droite sera 1 – 3 – 5 / 1 – 2 – 5 / 1 – 3 – 5 / 1 – 3 – 5 et celui de la main gauche 5 – 3 – 1 / 5 – 3 – 1 / 5 – 2 – 1 / 5 – 3 – 1.

C'est en obtenant un renversement d'accord à proximité des notes présentement jouées, qui permet aux pianistes de jouer « en position ». Travaillez les mêmes enchaînements simples d'accords que vous avez explorés avec les Triades construites sur la Fondamentale, en utilisant d'autres renversements pour améliorer la marche des voix *(voir "La marche des voix", p.37)*.

Si vous jouez le modèle *Blues* 1 – 4 – 5 en C, notez bien que le 2e renversement de l'accord de F et le 1e renversement de l'accord de G sont plus proches de la Fondamentale de C que les Fondamentales de F et G, cela afin d'avoir moins de mouvements des mains. Voyez comment le son des renversements des accords crée une variation en plus d'être plaisant à l'oreille.

À mesure que votre compétence se développe, d'autres accords et leurs variations pourront être ajoutés (eg. Accords mineurs, accords avec la 7e de dominante, ou la 7e Majeure, les quintes diminuées bémols, accords diminués ou Augmentés, les 9e ou 9e Majeures etc.). en lisant simplement le nom de l'accord et en surimposant les numéros à la gamme de l'accord, vous pouvez construire et jouer n'importe quel accord, aussi complexe soit-il. *(Voir " Accords— Deuxième partie", p.37)*.

Avec 10 doigts, un/une pianiste peut généralement jouer toutes les notes requises pour créer n'importe quel accord. Cependant, l'objectif est de prendre conscience de tous les choix de notes à votre disposition, dans n'importe quelle circonstance. Apprenez à sélectionner activement la mise en voix la plus pratique ou la plus intéressante.

# FORMATION D'ACCORDS SUR LE CLAVIER, EXERCICES
## *(VOIR "ACCORDS — PREMIÈRE, DEUXIÈME PARTIE", P.34, 37) :*

1. Apprenez à jouer les 4 triades de base (Maj, min, dim, Aug) dans toutes les tonalités.

2. Ensuite, ajoutez les accords de 7e à votre répertoire.

3. Ensuite, ajoutez les accords de 9e à votre répertoire.

4. Ensuite, ajoutez toutes les autres accords avec prolongements ; et les accords qui n'ont pas de 7e.

5. Pratiquez le passage d'un accord à l'autre, en respectant une bonne marche des voix. Commencez avec les accords plus simples, en ajoutant progressivement les accords plus complexes. Cherchez toujours le renversement du prochain accord, qui ressemble le plus aux notes que vous êtes en train de jouer.

### Approches pour le jeu au piano et aux claviers

Le piano est sans contredit l'un des instruments les plus versatiles, à cause de son habileté à jouer de façon mélodique, à accompagner aux accords ou encore, à agir comme percussionniste. Comme tel, il n'existe pas qu'une seule approche à l'instrument. Avec les claviers numériques et leurs multitudes de sons (raccordements) et la capacité de superposer les sons ou de départager le clavier, le nombre d'approches au jeu des claviers s'étend de façon exponentielle.

Le rôle du claviériste consiste quelques fois à stimuler la section rythmique avec une ponctuation staccato. À d'autres moments, il procure l'élément unifiant de l'ensemble avec des segments legato au son de cordes ou d'ambiance. Peut-être aussi devra-t-il combler entre les phrases vocales ou encore jouer des solos mélodiques. Il n'y a pas de limites aux effets que le claviériste peut générer.

Il y a cependant quelques approches de base avec lesquelles vous pouvez expérimenter (les noms sont seulement suggestifs et ne devraient pas être considérés restrictifs à un style en particulier) :

1. Populaire — Les accords avec la main droite avec les notes graves (simple ou octave) avec la main gauche. Cette approche est souvent utile pour accompagner un solo vocal ou encore lorsque vous-même devez jouer solo.

2. Jazz — Les accords avec la main gauche et la main droite libérées pour augmenter les accords ou jouer en solo ou des passages en contre-mélodies ou pour combler.

3. Fusion — Les accords joués en distribuant les notes entre les deux mains, habituellement sans les Fondamentales.

4. Multiple — Chaque main a une fonction distincte. Cette approche est fréquemment employée lorsqu'on se sert de plusieurs claviers ou de sons multiples (raccordements)

Il y a aussi quelques suggestions qui s'appliquent, quelque soit l'approche apportée à l'instrument (probablement aussi quelque soit l'instrument que vous jouez) :

1. Variez votre jeu — expérimentez avec les différentes couleurs des sons, surtout avec les nuances. Choisissez des renversements d'accords multiples ou omettez les notes évidentes. Jouez avec une touche variée (staccato ou legato), selon le contexte de la musique.

2. Vous faites partie d'un ensemble — écoutez attentivement, et essayez de découvrir comment votre jeu peut contribuer efficacement au produit fini. Parfois, moins est plus. Il peut y avoir beaucoup de compétition entre les claviers et les guitares pour le spectre du registre moyen, alors tentez d'agrémenter l'ensemble.

3. Jouez musicalement — soyez conscient de l'instrument que vous jouez et de l'effet musical que vous désirez créer. Si vous imitez le son d'un instrument acoustique, essayez d'imaginer le son de cet instrument quand il joue. Si votre son est synthétisé, soyez imaginatif, mais toujours de bon goût.

4. Jouez avec joie — Le légendaire interprète et compositeur James Taylor suggérait que l'on devrait apprendre à jouer avec un esprit serein et le cœur chaud. La musique est une expérience émotive, quel qu'en soit le genre. Apprenez à vous exprimer jusqu'aux limites de votre habilité, puis essayez d'aller un peu plus loin.

*Développé conjointement avec Gary W. Cable, Pianiste/ claviériste, Chanteur, Compositeur, Réalisateur, Chef d'orchestre, Accompagnateur et Avocat pour l'industrie artistique.*

# TÉMOIGNAGES

J'ai tout adoré de ce livre. Je l'ai trouvé informatif et facile de compréhension. J'adore la mise en page et le considère un excellent outil pour tout musicien qui désire et qui a besoin de mieux comprendre la théorie musicale. Robert Walsh a véritablement écrit un livre pour tout musicien cherchant à maîtriser son métier.

**JV Collier**
Bassiste avec Bruce Hornsby, The Pointer Sisters, The Temptations, Gladys Knight, Earl Klugh, The Brecker Brothers, Herbie Hancock, The 5th Dimension et autres.

Robert... je veux dire Bob, a développé un livre merveilleux de théorie musicale qui est complet, facile de compréhension et rempli d'anecdotes amusantes ! Cela en fait une lecture et un outil génial ! J'aurais aimé avoir ce livre quand j'avais des étudiants !

**Murray Pulver**
Guitariste, Auteur-compositeur, Chanteur avec Doc Walker, Crash Test Dummies, Squeek Ego Spank et Réalisateur

Ce livre est parfait pour les jeunes guitaristes. Il est à la fois facile de compréhension et touche toutes les bases. Comme guitariste métal, je rencontre souvent des musiciens qui ont du talent, mais qui doivent travailler beaucoup plus fort parce qu'ils font tout par oreille. J'aurais aimé lire le livre de Robert Walsh quand j'étais un rocker adolescent dans mon sous-sol. J'aurais pu me sauver beaucoup de temps.

**Max Lussier**
Guitariste Principal de Derelict

Bravo Bob! Tu as bien inclus toutes les notions de base, expliquées de façon accessible et intéressante en même temps. Certains pourront croire que les anecdotes personnelles ne sont pas justifiées, mais pas moi (je peux imaginer que des gens plus sérieux voudraient exclure ce matériel!) Félicitations pour un travail bien fait.

**Andre White**
Pianiste et batteur Jazz, Compositeur, Ingénieur de son et réalisateur.
Professeur associé adjoint en études Jazz, Université de McGill

J'ai eu le plaisir de travailler avec Robert pendant plusieurs années— il a joué sur mes disques et j'ai eu la chance de jouer sur les siens. Il est un musicien accompli, à l'aise dans tous les styles, et un communicateur génial, en plus! Ici, il nous guide à travers les notions de base de la théorie musicale de façon agréable et accessible. Mais ce n'est pas un discours sec— le livre est bourré de savoir, tiré de la vraie vie, et de conseils qui ne se trouveront nul pars ailleurs. Ajouter à cela les histoires et anecdotes de sa carrière, et se livre est quelque chose que vous trouverez utile de maintes façons, pour des années à venir.

**Darcy Phillips**
Compositeur (Cinéma, Télévision, Théâtre), Réalisateur, Claviériste avec Jann Arden et autres

J'aime que le livre de Bob comprenne la théorie du point de vue de l'orchestre à vent (intentionné ou non) et de l'orchestre jazz. Comme éducateur, il est difficile de trouver une bonne méthode qui sert aux deux genres. Je crois que les étudiants gagnent énormément à être exposés aux deux styles de musique dans leur apprentissage, et ton livre pourra certainement les aider. Il est très bien organisé et tu devrais en être fier... beau travail ! ! !

**Jerrold Dubyk**
Enseignant en musique, Saxophoniste ténor.

Le livre est clairement étalé et j'aime beaucoup la façon dont Robert intègre les anecdotes personnelles. J'aime aussi l'inclusion de l'écriture de la chanson et de l'improvisation— cela donne un ton contemporain, tout en gardant des références aux artistes du passé (Mozart, Mahler, etc). Robert Walsh a une voix claire et en visant les instruments de la section rythmique, il a créé un livre très attirant pour les musiciens d'aujourd'hui.

**Allan Gilliland**
Chef, Études en Composition, Université Grant MacEwan

La musique écrite a été développée pour que les musiciens puissent mieux communiquer, et le livre de Bob contribue à faire avancer cette cause. Avec des exemples tirés de sa carrière et de la vraie vie, Robert Walsh nous encourage à développer nos connaissances et illustre comment ceci peut créer plein d'ouvertures. Avec l'aide d'exercices, il nous guide à travers les notions de base pour ensuite explorer les aspects plus avancés et comment intégrer le tout ; et les anecdotes de sa carrière nous transmettent les bénéfices d'y investir le temps. Personne est mieux placé que Robert Walsh pour démontrer et promouvoir l'importance de la théorie musicale, et de l'étaler de façon si accessible et avec compassion.

**John McPherson**
Tromboniste Principal, Orchestre Symphonique d'Edmonton, Compositeur, Arrangeur
Enseignant, Université de l'Alberta

Le livre de Bob est très détaillé et informatif avec un ton agréable—pas trop intellectuel ni prêcheur.

**Mike Lent**
Réalisateur et bassiste pour k.d. lang, Jann Arden, Lee Konitz, Sheila Jordan et autres.

# À PROPOS DE L'AUTEUR

Robert Walsh, Bachelier en musique, est un artiste ayant plusieurs enregistrements à son actif, un réalisateur, un auteur/compositeur / interprète, un compositeur, un arrangeur, un directeur musical, un guitariste, un conférencier ainsi qu'un formateur.

Il a 4 albums en tant qu'artiste, et a écrit paroles et musique pour 3 pièces de théâtre musicales. Ses chansons sont entendues à la radio, à la télévision et au cinéma, et ont été enregistrées par d'autres artistes, en plus de lui-même. Robert est le réalisateur de nombreux disques de musiciens indépendants au Canada, et son travail a été mis en nomination pour une gamme de récompenses et en a même remporté quelques-unes.

Comme guitariste, il a enregistré ou joué en direct avec une grande variété d'artistes à travers le spectre musical. Il a de plus été directeur musical de plusieurs spectacles et évènements spéciaux.

Comme éducateur, Robert est un pionnier dans l'offre de cours de musique populaire en Alberta. Il donne des ateliers en musique ainsi que des conférences sur les multiples aspects de faire de la musique et sur l'industrie musicale à travers le Canada, en français et en anglais. Il enseigne aussi l'écriture de la chanson à l'Université MacEwan, en Alberta.

Robert est un époux et un père de trois enfants. Il est préoccupé ces jours-ci à faire de notre planète un endroit en santé, où il fait bon vivre.

*Pour de plus amples informations, consultez le : www.robertwalsh.ca*

Made in the USA
Charleston, SC
17 August 2015